☆罗风老师与新东方学校创始人俞敏洪老师畅谈创业之路

☆罗风老师与俞敏洪老师相聚领袖财智论坛

☆罗风老师与唐骏先生在财智论坛上同台演讲近景

☆罗风老师与唐骏先生在财智论坛上同台演讲

☆罗风老师与打工皇帝唐骏先生合影留念

☆罗风老师与汇源缔造者朱新礼董事长

☆罗风老师与汇源缔造者朱新礼董事长亲密交谈中

☆罗风老师与经济学家郎咸平

☆罗风老师与万通控股董事长
冯仑

☆罗风老师与共和国四大演讲家之一李燕杰老师

☆罗风老师与疯狂英语李阳老师

☆罗风老师与汪中求老师

罗风老师公开课现场精彩回顾

授课部分合影

恭喜《成交为王》上一期学员李总又创佳绩，总结课程所学，运用老师所讲流程拿下大客户，成功签下人生中不敢想的百万大单。感谢罗老师，感谢您带给我们这么实用的课程。强烈建议多多组织这样的课程。

这两天听罗风老师的课程，真的懂得了，你对待你的事业，可以成功可以失败，但绝不可以放弃！感谢罗老师带给我们这么精彩的课程。期待下次复训再见！

4分钟前

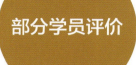

部分学员评价

 结束罗风老师两天《成交为王》的课程，"疯狂"成交流程，玩得够猛，能量够强，磁场够大，回去给小伙伴分享！

38分钟前　　

一个富有感召力，魅力四射的70后讲师，竟然将培训的效果做到极致！那一句句发自肺腑的感言，那一个个充满感恩的拥抱，一个个摩拳擦掌挑战自我的瞬间，曾经给每一个心灵带来了怎样的震撼！罗老师机智幽默的演讲风格、敏捷的思路、精炼活泼充满智慧的授课风格，以及丰富的知识储备量和舞台驾驭能力，都令学员们深深折服！

青岛学习中……罗风老师的《成交为王》！没有来的亲们，后悔死吧，收获很大，这是与陈安之、刘一秒齐名的大师，山东有名的大师，成交为王！成交是一种习惯！！！

1分钟前

华夏智库·企业培训丛书

总裁
公众演说

——领导人必修的一堂课

罗　风◎著

经济管理出版社
ECONOMY & MANAGEMENT PUBLISHING HOUSE

图书在版编目（CIP）数据

总裁公众演说：领导人必修的一堂课/罗风著．—北京：经济管理出版社，2015.10
ISBN 978－7－5096－3941－2

Ⅰ．①总…　Ⅱ．①罗…　Ⅲ．①领导人员—演讲—语言艺术　Ⅳ．①C933.2②H019

中国版本图书馆 CIP 数据核字（2015）第 203934 号

组稿编辑：张　艳
责任编辑：胡　茜
责任印制：黄章平
责任校对：超　凡

出版发行：经济管理出版社
　　　　　（北京市海淀区北蜂窝 8 号中雅大厦 A 座 11 层　100038）
网　　址：www. E－mp. com. cn
电　　话：（010）51915602
印　　刷：三河市海波印务有限公司
经　　销：新华书店
开　　本：720mm×1000mm/16
印　　张：10.75
字　　数：148 千字
版　　次：2015 年 10 月第 1 版　2015 年 10 月第 1 次印刷
书　　号：ISBN 978－7－5096－3941－2
定　　价：39.00 元

序

感恩在路上

多年从事教育培训行业，无数次站在台上演说，我发现，站在台上不仅可以增加你的自信，还能够提升你的魅力与影响力。可是，很多人因为不敢上台而丧失掉无数的机会。尤其是领导人，不会演说，就无法将你的思想传递给团队所有人；不会演说，就无法吸引更多的资源来帮助你事业获得成功；不会演说，你就无法像马云一样吸引人才的加入；不会演说，你就无法招商加盟！

演说作为所有成功者必不可少的一项能力，却在我们传统的教育体系上没有得到足够的重视。鉴于此，十多年来，我研究学习过国内外无数顶尖名师的演说课程，阅读了大量相关书籍，取长补短、去伪存真，开设了我们的领袖演说训练课程，以此来帮助人们提升演说能力，提升说服影响力。

人生在世，说话到底难不难？如果说难，两三岁的小孩都会。如果说不难，为什么很多人走上讲台后，当他面对众人的时候，就难以开口呢？因为公众演说有别于日常说话，缺少一个训练的过程。

其实，每个人都是天生的演说家，只不过过去的经历阻碍了你在这方面的能力或天赋，你不停地告诉自己：我不善言谈，不善于演讲。可是当你的演说开关被真正打开的时候，你同样可以魅力四射、光芒万丈。在我们的领袖演说训练课程中，其中一项非常重要的内容就是借助声光电冥想催眠等，来帮助你打开演说的开关！

　　回首在这十多年来学习成长的道路上，曾经得到过无数名师的点拨，也有许多贵人的相助，没有他们的支持，我无法走到今天。在此，向八方师友表示衷心的感谢，感谢过去你们的支持。另外，还要感谢家人多年来对我默默的奉献与付出，你们是我最强有力的后盾；也要感谢我所有的客户和学员，你们的认可、鼓励与包容，给了我前行无尽的动力；还要感谢自己，有过挫折、有过迷茫，但一直坚持笃定，满怀信心，顽强向前！

　　有爱的语言更能打动人心，有爱的演说更会充满力量！感恩生命的厚赐，感恩身边的一切，我会在这条演说之路上为梦想奋斗，用真心凝视绽放的自然，用意志守望开花的梦想。我知道，我的演说培训之路将注定更加辉煌；靠近我，你的演说之路也将注定更加通畅！我在这里等着你！

　　让伟大的思想不再沉默，让表达的价值放大一百倍！

2015 年 6 月 10 日于青岛

目　录

第一部分 爱上演说

在电影《勇敢的心》中，主人公华莱士在即将开战前，看到大家战斗的信心不强，他对战士们发表战前演说："如果我们投降，可以获得生命，战斗可能会死，生命固然重要，但更重要的是我们能够用生命来做什么事情？你们是要苟延残喘的生命，还是要自由。敌人也许能夺走我们的生命，但他们永远夺不走我们的自由。"

这个关于自由的演说显示了勇敢的革命者强悍的内心世界。结果，所有战士群情激昂，放下了要逃跑的念头，决定为了自己生命的自由而誓死一战！

电影《战狼》中，在我军实战演习中，雇佣军潜入中国领地，对我军特种兵实施突袭而造成人员伤亡后，我军部队立刻下令：演习停止，真正的战斗开始！接下来，部队首长讲了一番话：这是战书，是对中国军人的挑衅！再过六个小时，敌人可能会逃越国境线，逃出我国。现在，我命令你们，把失去的尊严夺回来！如果在这个时间里，你们没有完成任务，我会调动战机，对这块区域进行覆盖式轰炸。我们将要守护的这个地方，终年荒无人烟，如果没有发生这场战斗，我们可能一辈子不会来这里。这里没有青山绿水，没有金银宝藏，可是在我们军人眼里，这里是最美的地方！因为它是中华人民共和国的国境线，是我们必须用生命和鲜血誓死捍卫的地方！现在，让我们以军人的尊严宣誓，犯我中华者，虽远必诛！

首长这段话，立刻就让特种兵战士们热血沸腾，誓死一战！经过不懈的努力，他们终于胜利了！

第一章　卓越领导人都是
优秀的演说家

演说历来是发表政见、阐明观点、批驳政敌、争取盟友的有力武器，特别是在社会处于激烈变革的年代，这种社会作用就显得尤为突出。谋臣启奏、策士应付、诸侯施令、辩士游说、战前动员、激励三军，无不以演说作为主要手段！

第一节　发表政见离不开卓越的演说能力

大量的事实告诉我们，要想发表自己的观点和政见是离不开演说能力的！

佛祖释迦牟尼得道前是古印度一个王国的王子，本来过着锦衣玉食的王宫生活，但他却为了解决人类的生、老、病、死等问题，毅然离家出走，来到大自然中寻求答案。在经历过众多的艰难困苦之后，终于在一棵菩提树下悟出了正道。之后，为了弘扬大法，他在鹿野苑发表了演说；之后，他还在印度一些古王国传递他的佛学思想。

在那个时代，竞争十分激烈，宗教派别林立，各自占地为王，谁也不服谁。释迦牟尼却依赖自己精彩的演说，降服了其他派别，使他的思想和信徒得到不断发展，流传至今。他将佛法传递到印度、中国、日本、东南亚等国家和地区，极大地影响了人类数千年的历史文化。

和释迦牟尼比起来，耶稣的命运更加令人同情和钦佩！

耶稣从小学开始就学习木匠，吃不饱、睡不好，过着最为简朴的生活。30 岁的时候，耶稣离开了家，远离了父母双亲，冒着被放逐、妒恨和死亡的危险，把自己心中的思想，通过大众演说的方式告诉给了所有愿意听他讲话的人。

耶稣是个天生的演说家，不仅有着"令政客妒嫉的嗓音"，还独具个人魅力，可以调动起现场的气氛。他的演讲往往都带着某种直指人心的魔力，可以使群情激昂。耶稣从一个村子走到另一个村子，与不同身份、职业的人交流，很快全国上下都知道，有位先知在宣讲一种奇特的教义：世界上所有的人，都是仁慈上帝的儿女，大家都是兄弟姐妹，应该平等、博爱、非暴力！

与耶稣一样，美国总统奥巴马的演说也是富有节奏感，味道十足、语气恰到好处。即使有成千上万的听众，每个听众也会觉得奥巴马就是在对他一个人说。在传媒日益发达的当代，如果能够像奥巴马一样，便可以感动选民，与其取得共鸣。

在战国晚期，有两位著名的纵横家，他们就是苏秦和张仪，用我们的话说，他们两人都是国际社会著名的政治家、外交家和社会活动家。他们虽然都是文弱的书生，可是却凭借超人的智慧和计谋，凭着自己的巧舌如簧，在国际社会中游走，把中原各国操纵在手里，弄得国际社会时局不断变幻，惊涛骇浪。他们的纵横捭阖，对战国后期群雄之间兼并战争形势产生了重要影响，其观点和思想对后世王朝也产生了深远的影响。孟子的学生景春甚至还发出了这样的呼声：苏、张"一怒而天下惧，安居则天下熄"！

《三国演义》中描写了诸葛亮"兵马出西秦，雄才敌万人，轻鼓三寸舌，'骂'死老奸臣"的故事：

蜀魏两军对阵时，魏国大臣王朗来到阵前，想要让蜀汉丞相诸葛亮投降。没想到，当年舌战群儒的诸葛亮，借着这个机会在魏蜀两国大军阵前发表了一篇慷慨激昂的演说，把王朗骂得一文不值。王朗被气得口吐白沫，一头撞死在了马下。

孔明的"三寸不烂之舌"，居然也抵住了成千上万的敌军，其演说的功力由此可见一斑！

国父孙中山先生也是当时最出色的演说家。无论是言论风采，还是思想深度；无论是现场效果，还是历史影响，其绝佳的演说才能和气魄连毛泽东也不得不叹服，很多人都直呼他为"孙大炮"。当时，人们之所以要称他为"孙大炮"，主要有两种含义：第一，孙中山凭着卓越的演说能力对清朝腐朽的政治制度进行了轰击，宣传了资产阶级民主共和的思想。其口诛笔伐就像是猛烈的炮火，让清王朝这座大厦摇摇欲坠。第二，清政府和晚清帝制的拥护者、遗老遗少等，认为孙中山的话是胡话、谎话。

马云与孙正义的第一次见面是在 1999 年 10 月 31 日。当时，马云刚刚完成一轮融资，并不缺钱，他完全可以用第一轮融资的资金支撑公司的运营。因此，在他们谈话的时候，马云并没打算融资，仅仅满怀热情地介绍了一下他未来想做的事情，因此只说了 6 分钟。可是，虽然孙正义没有对阿里巴巴进行过实地考察，却立刻决定向阿里巴巴投资数千万美元。一直以来，这次会见都被传为佳话。

古今中外的名人轶事告诉我们：卓越的领导人都是优秀的公众演说家！例如，伟大领袖毛主席，敬爱的总理周恩来，"国父"孙中山，美国总统奥巴马，阿里巴巴创始人马云，新东方的俞敏洪，疯狂英语的李阳……他们都是能言善辩之士，凭着优秀的演说能力，活跃在历史的舞台上：劝阻战争，化干戈为玉帛；怒斥奸佞，以正气压倒歪风；巧设比喻，以柔克刚，争取盟友；反唇相讥，绵里藏针，瓦解敌阵。

他们的口才为何如此了得？因为他们都知道，唯有最有魅力和最有说服力的公众演说能力，才能让他们脱颖而出，才能在最短的时间内得到最多人的认同和支持！由此可见，任何丰功伟业的成就都离不开公众演说能力！

历届美国大选中，总统候选人之间都要舞动各自的唇枪舌剑，对对手进行攻击和为自己进行辩护。因为任何一个人都不知道未来的大选结果，更无法确定某场辩论就会决定选民的投票方向！

第二节　笨嘴拙舌的人当不了好领导

人类之所以会区别于动物，根本原因就在于，人类的一切行为都受理性支配！语言艺术是在理性支配下的说话技巧，如果不讲究语言技巧，看到什么说什么，不进行理性思考，就会自讨苦吃，多树敌人。

古希腊时期，有位杰出的民主政治家和爱国主义者，叫德摩西尼，在激烈的政治斗争中，他充分发挥了自己的演说能力，起到了巨大的社会作用。

公元前4世纪中叶，马其顿腓力二世向外侵略扩张。为了唤醒同胞，拯救祖国，德摩西尼意气激昂地发表了八篇著名的《斥腓力演说》。这些演说措辞尖利、揭露深刻，极大地鼓舞了人们反抗侵略、保家卫国的爱国激情。这八篇演说后来也被引申为普通名词，专指那些激昂愤慨、猛烈抨击政敌的演说。

1963 年 8 月 28 日，为了反对种族歧视，要求民族平等，美国黑人民权运动领袖马丁·路德·金组织领导了一次 25 万人的集会和游行示威。当游行队伍走到林肯纪念堂前时，他发表了著名的《在林肯纪念堂前的演说》。

在这次演说中，他首先热情洋溢地赞扬了 100 多年前林肯签署的《解放宣言》；然后指出，在 100 多年后的今天，黑人依然在水深火热之中，他号召黑人奋起斗争。同时，他还以诚挚抒情的语调，描述了黑人梦寐以求的平等、自由的理想："黑人儿童将能够与白人儿童如兄弟姐妹一般携起手来。""上帝的灵光大放光彩，芸芸众生共睹光华！"

这篇演说内容充实，感情炽热，气势磅礴，极富感染力，是一篇反抗种族歧视、争取民族平等的战斗檄文，大大推进了美国黑人民权运动。

正因为演说与政治活动有着密切的联系，具有极大的组织、鼓动、激励、批判和推动作用，因此，广泛关心各国政界、军界和知名人士的演说，便可以从中了解和研究所透露的信息，以预测今后的发展趋势，制定相应的对策。

"新东方"是中国目前最大的英语培训机构，其创始人俞敏洪老师被人誉为"留学教父"。美国《时代》周刊是这样描述俞敏洪老师的："这个一手打造了新东方品牌的中国人被称为'偶像级的'，就像小熊维尼或米奇之于迪士尼。"

俞老师之所以能够取得成功，自然离不开机遇、坚忍卓绝的性格、有朋友相助等诸多因素，可是在这诸多因素中有一项非常重要——高超的演讲能力！通过演讲，俞老师让自己更加深入人心；通过千人万人的演讲，他的影响力也放大了无数倍——既有效传播了新东方品牌，也让自己拥有了更多的粉丝。

成功学大师戴尔·卡耐基曾经说过，一个人的成功，约有15%取决于知识和技能，85%取决于沟通——发表自己意见的能力和激发他人热忱的能力。很多人都说，为新东方挣得第一波美名的是俞老师本人，或者说是他教学中的煽情能力，正是俞老师在教育中的好口才，获得了学生们的欢迎，才为新东方的成功奠定了基础。

刚开始创业的时候，俞敏洪老师之所以能把徐小平、王强等一系列的海归派招揽到新东方，凭借的就是自己的三寸不烂之舌。当初，俞敏洪老师专程赶到美国，找到北大的同窗好友王强，商量新东方的事情。

王强问："新东方有多小？"俞老师正色道："我知道你在美国的年薪是7万美元，我付不起你的工资。"然后，他表现出义愤填膺的神情，说："但我希望你不要忘记，我们是很好的朋友，是一起生活过的哥们儿。我们还是知识分子，中国的知识分子历来都视金钱如粪土，我要是给你发了薪水，就是对你人格的侮辱！"最终，王强被俞老师说服。回国后，两个人便窝在北京西北角一所十几平方米的违章建筑里开始了创业历程。

俞敏洪老师还善于用生动的故事代替枯燥的大道理，他曾做客CCTV-1《我们》栏目，在《大学生就业》的谈话中说"人最怕的就是哪儿有机会就往哪儿窜"，他讲了一个故事来说明：

"我在美国有两个朋友都是学建筑的。学建筑，一是找工作难，美国的建筑，该造的楼全造完了；二是找到工作以后工资很低，到一个建筑事务所去工作，你大学刚刚毕业，年薪也就是3万美元。

"刚好那几年的时候全世界电脑泡沫兴起，凡是学电脑的工资都能拿到8万~10万美元，所以其中有一个人就把建筑专业给扔了，转学了电脑。等到他电脑学完的时候刚好碰上了美国电脑泡沫崩溃，结果找不到工作了。那个学建筑的同学毕业了，在美国找工作也找不到，后来就回到了中国，找到了一个中国很著名的建筑事务所的工作。大家都知道在中国是一个建筑设计时代，由于他本身学得很好，所以他很快就变成了设计主力，后来的年薪加奖金大概能拿到年薪150万元人民币。"

俞老师说："如果说你因为外界的某种东西而心动了，有的时候你的损失更大。"这种讲故事的方式往往会让语言更富有感染力和说服力。

俞老师一个最受欢迎的特点就是说话幽默风趣，无论是讲课还是参加访谈节目，他机智幽默的谈吐总是能让现场的气氛活跃起来。

到湖北大学演讲时，俞老师一上演讲台就调侃起了自己："在新东方，我长的是最对不起观众的。"他的风趣迅速拉近了与同学们之间的距离。他说"男人长得帅一般不成功"，并风趣地给女孩忠告："在场的女孩子，如果你们选择男朋友以貌取人，那叫'好色'行为。女孩子千万不要有这种行为。"妙语连珠听得在场的学生乐不可支。

俞老师本人对幽默这一能力也很看重，他表示："新东方坚持培养有幽默感的老师，有的人起初没有幽默感，我们就让他从尝试讲笑话开始，慢慢把这种搞笑自然地融入课程中，逐渐把幽默内化。这不仅能让老师充满激情地去讲课，也让学生感受到一种别样的上课方式。"

俞老师语言幽默风趣，充满正能量，能够激励人心，同时也真诚朴实，富有激情，最能打动人心。这就是他成功道路上的利器。

领袖要把思想传递给下属，要激发团队的梦想，要影响团队的行为，要描述未来的远景规划，这些都需要通过一对多演说的方式向下传递。要想成为有影响力的领导人，就必须具有超强的演说能力。如果不具备这种能力，是不可能当好领导的。

在我国历史上，当北周军队大举进攻北齐的时候，北齐后主高纬被围在城里动弹不得，没办法了，只能死战，大臣们献计说，陛下应该发表个演说，鼓舞一下士兵。连演说稿都给他写好了，可高纬一站到台子上，什么慷慨激昂的句子全忘了，一个字也讲不出来，憋了半天竟然笑了起来，下面人一看心都凉了半截：你的江山你都不管，我们卖什么命呢？兵无斗志，北齐亡国也就不冤枉了。

晋朝时候的谢万，风流倜傥、一表人才，是个名气很高的才子。晋朝名士个个都是个性独特、衣着精良，这谢万更是名士中的名士。

有一次，时任抚军从事中郎的谢万奉命去见宰相司马昱，这事要放现在，肯定得西装革履一丝不苟，可谢万偏不，他披着白色鹤氅裘，戴着纶巾，踩着高跟木屐，仙风道骨、摇摇摆摆地就去见领导了，可巧司马昱也是同道中人，一看这派头非常欣赏，谢万此后更加官运亨通。

后来，谢万当上了领军大将，率部北伐。打仗当然要开动员会，可当平日里口若悬河的谢万穿着他那身仙风装站在演说台上时，却半天没讲出一句话，最后用手里的玉如意一指部下众将，感叹了一句："诸位俱是劲卒。"然后散会。

众将领气坏了，晋朝时候武将地位本来就低，这么轻飘飘的一句话，简直是在侮辱人啊！后来谢万打了败仗，撤退途中全军溃散——都不愿意给他卖命。

笨嘴拙舌的人当不好称职的领导，是情理之中的。在现实生活中，话不投机、语不到位、方法不当、激化矛盾，把事情搞糟的例子不少；不善于了解群众心理，不善于运用语言技巧，不讲方式方法，不看对象、场合，滥发议论，使群众把领导的话当耳旁风的也不乏其例；好心不被人理解，善意得不到好报，不善于做深入细致、入情入理的思想工作，其结果事倍功半的例子也屡见不鲜。诸如此类，无不与领导者的语言表达技巧有着直接的关系。

梁代刘勰在《文心雕龙·论说》中写道："一人之辩，重于九鼎之宝，三寸之舌，强于百万之师。"也有"一言可以兴邦，一言可以误国"之说。英国作家麦卡雷说："舌头是一把利剑，演说比打仗更有威力。"出身寒微的拿破仑，在群雄角逐的时代，年仅27岁就获得当时法国3000万人民的崇拜，他不无骄傲地说："一支笔、一条舌，能抵三千毛瑟枪。"当然，这些不过是社会矛盾发展的"必然"通过个人语言的"偶然"而起作用的结果，但毕竟是通过个人语言的"偶然"。

在特定的社会条件下，语言的力量确实是惊人的。汉代刘向在《说苑·善说》中列举了许多事情："昔子产修其辞而赵武致其敬，王孙满明其言而楚庄以渐，苏秦行其说而六国以安，蒯通陈其说而身得以全。夫辞者，乃所以尊君、全身、安国、全性者也。"足见演说的威力之大。

因此，要想做好领导，必须学会演说！

第二章　演说的威力超出你的想象

不管是在古代，还是在现代，演说都发挥了重要的作用。古今中外的各界知名人士几乎都是演说的高手，他们当中不乏政界领袖、企业领袖等各界名人。21世纪，无论是推销产品、推广理念、吸引人才、募集资金、建立知名度，还是获得他人的尊重和认可，公众演说都是最快、最好、最有效的方法！

第一节　靠演说发挥影响力的古来有之

在小说《三国演义》中，刘备在得到诸葛亮的辅佐之前，与曹操的作战从来没有胜利过。

有一次，当曹操大军将刘备三兄弟击溃后，刘备、张飞趁乱夺路而逃，关羽却因为要保护刘备的家小而被曹操大军团团围困在一座土山上。

曹操素来爱惜人才，不忍心关羽就此战死，想派人劝降，收归己用。此时，张辽主动站了出来说："我和关羽有过一面之交，我去跑一趟，劝说他投降。"张辽与关羽素有交情，深知关羽的性格，要说服他，靠威逼利诱肯定是行不通的。

关羽一向对刘备忠心耿耿，从来没有想过有一天要背叛刘备另投他人，这是他一贯的信念和态度。投降行为，尤其是对三兄弟的死对头曹操的投降行为，和关羽的这种思维定式是格格不入、形同水火的。关羽想保持自己言行态度的一致性，就绝不能向曹操投降。但是，形势所逼，如果不投降，就只有死路一条。

张辽非常了解关羽视死如归的决心，所以他单骑上山，只是先叙旧情，当关羽表示愿率残部与曹军以死相拼时，张辽断然指责关羽不顾大义，只是匹夫之勇，并且毫不畏惧地当着关羽全军战士的面，一五一十地列举出了关羽轻易赴死的三大罪状：

第一，你当初和刘备桃园结义，誓愿同生共死。现在刘备失败远逃，你却要战死沙场，倘若哪一天刘备复出，希望你能够再度为他效力，而你已经死了，哪里还能帮得上他呢？这不就违背了你们当年的誓言了吗？

第二，刘备把两位夫人交托给你，如果你今天战死了，两位夫人就失去了依靠。她们只有两个选择，要么守身而死，要么落入他人之手。无论做哪个选择，你都是辜负了刘备的嘱托。

第三，兄长您武艺超群，又熟读《春秋》，文武双全，正应该辅佐刘备，匡扶汉室，拯救万民。如果今天您逞匹夫之勇，牺牲了性命，那就是上对不起祖宗，下对不起刘备。

张辽列出的这三条罪状，有效切断了关羽对死和"忠义"之间的认知惯性链接。本来，在关羽的思维定式中，只有为"忠义"而战，宁死不降才是符合忠义的。但张辽的说法提供了一种全新的诠释，如果关羽徒逞匹夫之勇，轻易赴死，反倒是不符合"忠义"的做法了。

这是解决关羽内心认知不协调的基础，也是最重要的一步。张辽的分析确实有一定的道理，但关羽也不可能一下转过这一百八十度的大弯来，所以，关羽开始沉吟不决，内心有所动摇。张辽紧接着提出了自己的解决方案，以彻底打消关羽的顾虑，让他坦然接受投降的安排。

关羽沉思良久，问："你说我有三个罪过，那我该怎么办？"

张辽答道："现在四面都是曹公的士兵，若不投降则必战死，而死又毫无益处。不如暂且投降曹公，等以后打听到刘备下落，你再去找他。这样，你一可以保刘备家眷，二不违背桃园盟约，三可留有用之身。这三个好处，你应该好好想想。"

关羽终于在利害相比之后，听从张辽，留在曹营，斩颜良，诛文丑，为曹操打败袁绍立下汗马功劳。

关羽号称万人敌，曹操的兵力虽多，要想凭借武力将其击败，必然会损失无数的将士。张辽一番晓之以理、动之以情的劝降演说，不仅让曹操不费一兵一卒获得了关羽的全军归降，更是避免了一场死伤无数的血腥战争，演说的威力由此可见一斑！

第二节　和平年代演说也被广泛应用

演说的威力不仅在战争年代的劝降中得到体现，在和平年代政治经济文化交流与谈判中也有广泛的应用。古今中外的各界知名人士几乎都是演说的高手，他们当中不乏政界领袖人物、企业领袖等各界名人。

吴仪在数次中美外交谈判中，她的魅力让美国人既头痛又不得不敬佩，由衷地称赞她"既是国家利益坚定的维护者，又是坚韧的谈判者"。

在一次中美知识产权谈判会上，双方刚一落座，美国人想给吴仪来个下马威，开场白便显现出来者不善："我们是在和小偷谈判。"面对对方的无理，吴仪毫不留情地反唇相讥："我们是在和强盗谈判，请看你们博物馆里的展品，有多少是从中国抢来的。"针锋相对的回答令对方愣了一下，同时对手马上清楚地意识到：这个女人不简单！

在中国古文化中的《周易·系辞上》这本书中是这样描述演说的重要性："鼓天下之动者，存乎辞"，也就是说要推动社会进步和国家前进的力量都需要依靠演说的力量。这些不外乎说明了演说的重要意义。

中国国家主席习近平在出访欧洲期间，每到一处所发表的演说，都用生动感人的故事打动欧洲，用欧洲人熟悉的典故诠释理念。习总书记的精彩演说给欧洲、给世界留下了深刻印象，成为国际媒体争先报道的焦点。

在巴黎出席中法建交50周年纪念大会发表的重要讲话中，习近平引用拿破仑的"睡狮"名言，但转而指出中国是一头"和平的、可亲的、文明的狮子"；在柏林科尔伯基金会演说时，他引用歌德名篇《浮士德》，指出中国不是可怕的"墨菲斯托"。

在联合国教科文组织总部演说时，习近平引用雨果名言"比天空更宽阔的是人的胸怀"来说明如何对待不同文明；在比利时布鲁日的欧洲学院，他用布鲁日的"桥"的含义比喻其欧洲之行就是"在亚欧大陆架起一座友谊和合作之桥"。法新社报道说，习近平"频频引用著名诗人和作家的名句，凸显中国的悠久历史和文化多样性"。

一个个感人故事令人难忘，诉说着中欧友谊之诚、之深：在法国，他谈到抗日战争时冒着生命危险开辟自行车"驼峰航线"的法国医生贝熙叶；谈到汶川大地震中守护中国小女孩的法国军医乌埃尔；还祝福刚刚担任中国国家男子足球队主教练的阿兰·佩兰"好运"。

在德国，他怀念南京大屠杀"拉贝日记"的主角拉贝，称"中国人民纪念拉贝，是因为他对生命有大爱、对和平有追求"；他还提及 21 世纪初来到山东枣庄无私授艺和助学的德国葡萄专家诺博和汉斯……

听习近平主席的演说，人们总感到有一种力量在触动心灵——或是感人的故事，或是醇厚的人文情怀，或是深邃的思想，或是高瞻远瞩的目光，犹如欧洲绵绵的春雨，润物无声。

一个个历史典故和文学引语信手拈来，细说文明交流互鉴之广、之博：他讲古玛雅文明的奇琴伊察、中亚古城撒马尔罕、丝绸之路和《马可·波罗游记》，说明"傲慢和偏见是文明交流互鉴的最大障碍"；他谈蒙田、拉封丹、莫里哀、司汤达、巴尔扎克、歌德、席勒、海涅等人的文学巨著和康德、黑格尔、费尔巴哈等人的哲学辩论，称"增加了对人类生活中悲欢离合的感触"、"加深了对世界和人生的认识"。

一个个名言警句被旁征博引，阐述中国的发展道路、外交理念与国际战略。他引用德国谚语"山和山不相遇，人和人要相逢"讲述中欧交往的重要，用德国前总理勃兰特的名言"谁忘记历史，谁就会在灵魂上生病"来诠释和平发展道路，用"万物并育而不相害，道并行而不相悖"来强调中国梦与法国梦、欧洲梦的交汇对接……难怪，德国 N－TV 电视台报道称，习近平主席引用大量引言、警句和典故表明中国呼唤和平安宁的国际环境，永不称霸。

用魅力打动人，用思想感化人，用哲理说服人——习近平主席这四场演说向欧洲、向全世界阐述了中国的历史观、发展观、欧洲观和世界观，其清新自信的外交风格让欧洲、让世界津津乐道，有外媒称之为"一场对欧洲人民成功的公关活动"。美国《华尔街日报》称，习近平"言辞豪迈"地表达了他对外交政策的看法，德国《每日镜报》称习近平"生动的演说"努力消除人们对中国崛起的担忧，欧洲应当陪伴一个强大的中国前行。

在历史的长河里，让人们为之感动的往往是那些精彩的瞬间。在中国与欧洲的外交新篇之中，习近平主席的演说必然是浓墨重彩、被广为铭记的一幕。

第三节　公众演说是推销的最高境界

口才能力虽然有一定的先天因素，不过后天的学习相对更为重要，但是我们的学校好像很不重视学生们口语的表达，以至于现在很多学生上网查阅资料没有问题，拿起手机来发微信也没有问题，可是你让他做一个口头的表达、做一个很精彩的演说却不容易。所以就这点来说，很多的领导人都是我们学习的榜样。

1983 年，乔布斯正在热烈地"追求"时任百事公司总裁的约翰·斯卡利。当时的苹果公司正急需引入一位像斯卡利那样具有丰富市场和管理经验的高管。尽管乔布斯魅力无穷，斯卡利还是没有同意。

原因就在于，首先，苹果公司提供的职位需要斯卡利搬家到西海岸；其次，薪水并没有达到他的期望值。可是，后来的一句话却改变了一切，不仅改变了苹果公司，还改变了斯卡利的职业轨迹，也令乔布斯本人开始了他不可思议的一生——从一个少年天才到失败者，再到英雄，最后成为一个传奇。

斯卡利在他的《奥德赛》（Odyssey）一书里记录了这一段让他决定接受这份工作的对话。这段对话也是美国商业史上一句最著名引语的出处。斯卡利在书中写道："我们面对着哈德逊河，站在阳台的西面。这时，他（乔布斯）终于直接问我了：'你要来苹果公司吗?' 我说：'史蒂夫，我真的很欣赏你们的事业，我为之感到兴奋。谁不会动心呢？但是这对于我来说没有意义。史蒂夫，我非常愿意做你的顾问，以任何方式帮助你都行，但是我想我不能去苹果公司任职。'

听了我的话，乔布斯低下头，停下来，盯着地面看了一会儿。然后，又抬起头看着斯卡利，挑战似地对他说了一句话，这句话后来就像幽灵一样萦绕在我的心头，挥之不去：'你是要一辈子卖糖水，还是要一个改变世界的机会?' 这句话就像一记重拳，击中了我的腹部。"

21世纪，企业和企业、组织和组织的竞争，比的就是人才的数量，谁能吸引最多的人才，谁就是市场上最大的赢家！无论是推销产品、推广理念、吸引人才、募集资金、建立知名度，还是获得他人的尊重和认可，公众演说都是最快、最好、最有效的方法！

你想要更多的钱来做更多的事吗？

要做任何善事，无论是铺路修桥、赈灾义演，还是给希望工程捐款，都需要更多的资金、更多的钱！要想做更多的善事，就要成立基金会，而成立基金会则需要对大众募捐！通过公众演说就能够得到比你预期多得多的捐款！假设每场演说能帮你募集到10万元的资金，假设每年演说100场，就能募集到1000万元以上的资金，10年就能募集到1亿元！

因此，学会如何公众演说，不但是建立领袖魅力的主要基石，也是你能学到的技能之中，最有市场价值的！能销售产品、能说明企划、能把报告陈述清楚、能把意见表达无误的人，都是各大集团持续不断寻求的人才！更是异性眼中最佳的梦中情人！

外交公关、文化渗透、鼓舞士气、下达指令、市场营销、职场竞选、工作述职、两性互动、亲子教育、沟通说服、传道授业、描述团队愿景、塑造产品价值、各类商务谈判等都需要依靠演说来达到最佳目的。

古往今来，欲成大事者，或求生存者，每天都在表达自己、说服别人。如今，演说已经成为现代社会竞争的工具，不管你从事何种行业，都会有演说的需要。

公众演说可以让你迅速拓展人脉，吸引人才。

俗话说：人脉就是钱脉，朋友就是实力。当你学会公众演说时就能结交更多的朋友，让更多的人了解你、支持你、喜欢你、追随你！

假设，一场演说能让200个人认识你，这200个人中有5个人认同你的观点而成为你的朋友。如果，每天讲一场，一个月就是30场，就有6000个人认识你！就能结交150个志同道合的朋友！一年下来，就有72000个人认识你！能结交1800个志同道合的朋友！十年就会有720000个人认识你！有18000个人追随你！如此，你做什么能不成功？

没有任何人可以靠一个人的力量去办一场上万人的演唱会！没有任何人可以靠一个人的力量去赢得一场大选！也没有任何人可以靠一个人的力量去创建一个跨国集团！完成任何远大的目标和理想，除了资金之外，就是建立顶尖级的团队。

比尔·盖茨如何创办微软？霍华萧兹如何创办星巴克？马云如何创办阿里巴巴？牛根生如何创办蒙牛？史玉柱如何东山再起？孙中山如何推翻清王朝？毛泽东如何解放全中国？希特勒如何挑起第二次世界大战？丘吉尔如何让美国提前参战？奥巴马如何赢得总统大选？……答案是：他们都拥有一流的公众演说能力。当你学会公众演说之后，就可以组建团队，招兵买马，募集资金，影响和激励他人或者巩固自己的领导地位！让有钱的人出钱，有力的人出力！

谈到我自己，十年创业，饱经坎坷，有过辉煌，有过没落。在历经十年创业的积淀之后，我决定再次起航，开始我人生的第二次创业：2014年，我创立了同道国际公司，立志打造一个企业家成长的摇篮，帮助企业做大做强，为中国成为世界第一经济强国而努力奋斗！

创业需要团队！一个人的力量太有限了，我必须吸纳大量优秀的人才加入自己的团队。可是，我没有去做招聘广告，因为我知道，人才一定是被吸引而来。

2014年，我便拿起麦克风，到全国各地去讲自己的梦想。一次我在山东演讲的时候，遇到了培训行业同行、曾在中国最顶尖的培训咨询公司打拼磨练了十年的杨学锋老师。

杨老师是一位十余年如一日在业内辛勤执着的默默耕耘者，当他第一次听到我的演说就开始动心，听完我第二次演说之后给我发了信息：罗凤老师，我要和您合作！我接下来设定的一个重要目标就是，有朝一日，要和您同台演说！

杨老师有着超强的毅力，曾经为了生活做过洗脚工，可是内心中不甘于平凡的声音呼唤着他努力向前，令他在几年的时间内站上演讲台，成为舞台的王者，并先后成为聚成公司的演讲冠军，超越极限六大讲师之一。

杨老师立志帮助更多人去写下自己人生的目标，让更多的人去实现自己人生的精彩，而他本人也是一个为了达成自己的目标极度自律的人。

很快，杨老师便辞去了原来的工作，处理完所有事情后，就收拾行囊加入了我们的团队。有了杨老师的加入，我们整个团队注入了更多的激情和活力，因为他的状态实在可以感染到每个人！

我知道，只要我拿起麦克风，就一定可以吸引到更多志同道合之士，携手共创奇迹！

在我参加学习或出席活动的时候，只要拿起麦克风，哪怕只讲一分钟，台下都会有很多朋友跟我换名片，从而吸引到很多的资源。2015年2月，我去深圳参加学习。课程进行的过程中，老师突然要求学员上台分享。我们团队的其他成员立刻紧张起来，互相推脱，我看他们实在为难，便上去做了两分钟的分享。

短短两分钟，台下伙伴毫不吝啬他们赞美的掌声，团队成员更是起立鼓掌欢呼，把双手大拇指高高举起。夸张的是，下课后我刚走出教室，一位早就等在那里的四十多岁的企业老板就把我堵住了，想要拜我为师。他握着我的手说："您太厉害了，我要拜您为师！"我笑着说："您都不了解我，怎么就要拜我为师啊！"他说："您这两分钟就够了，我就知道拜您为师绝对错不了！"

这期间，又有很多人来找我。吃午饭的时候，来了一个同学到我们团队中找到他认识的朋友问："你们组上午上台讲话的那个人是谁啊？"

到了吃晚饭的时候，和我同桌的一个女生不经意间一抬头，然后又低下头去，突然她好像想起什么似的，猛然抬起头来，喊了一声："哇！"吓了我一跳，我忙看着她，说："怎么了？"她说："你就是上午讲话的那位吧？"我点点头说："应该是吧。"因为上去讲话的人有好几个。她说："哇，真是踏破铁鞋无觅处啊，我一直在找您呢。和你在一桌吃饭，我真是太荣幸了！"我也心下欢喜，这是每次上台讲完话后都会有的结果。

这就是台上的魅力，可以让你瞬间成为焦点，可以无数倍扩大你的影响力，吸引无数的人才。所以，把握每个机会，勇敢站上台！

在一群人之中，你不能上台，不会演说，你就是一个秘密，没有人知道你。只要你能够随时拿起麦克风，站在台上发表有魅力的演说，就能吸引更多的资源，进而影响、帮助更多的人。

现在想想，因为不会公众演说，不敢当众演说，过去的5年、10年甚至15年里，我们丧失了多少机会和机遇？你少交了多少朋友和志同道合的兄弟？错过了多少财富和商机？

现在，打开电话本，看看那上面有没有1000个号码，如果连1000个号码都没有，就想想，自己为什么不成功；然后，开始努力。在这个社会上，你能帮助多少人就有多少人帮助你，你能影响多少人你就有多大成就，比尔·盖茨影响了全球会用电脑的人，而奥巴马影响了全世界 60 亿人。刘邦有汉初三杰，刘备有五虎上将和军师诸葛亮，毛泽东有十大元帅和十大上将；马云有十八罗汉，牛根生有四大金刚，你的团队又有谁呢？

语言就是力量，拥有公众演说能力就等于拥有快速实现人生理想的神奇力量！

通过演说，你可以激励团队；

通过演说，你可以化解危机；

通过演说，不仅可以改变许多人的命运，也可以改变自己的命运；

通过演说，可以浓缩你奋斗的时间；

通过演说，可以更快地完成你的使命；

通过演说，你可以得到更多人的支持；

通过演说，你可以建立顶尖团队；

通过演说，你可以批发式地推广产品；

通过演说，你可以吸引招商加盟；

通过演说，你可以完成上市路演；

……

公众演说，是每一位成功人士不可缺少的武器，它的威力无论如何说都不为过！

如果一个人不会公众演说，将是他最大的遗憾！现在想一想，在过去的 5 年里，是哪些障碍阻止了你拥有公众演说的能力？又给你造成了多么大的损失？失去了多少客户？浪费了多少机会？

你究竟还要多久才要去学会公众演说这一威力无比的能力呢？

第三章　敢于开口就是赢家

如今，成功的企业家有很多，可是很多领导者却不敢讲话、不善于讲话，只要一让他上台致辞，他就推三阻四，或让下级代替。这样，对于领导者权威的树立是非常有害的！要想做一个令人佩服的领导者，首先就要有胆，就要敢于当着众人的面讲话！

第一节　紧张是一种正常的心理状态

为何演说如此重要，而这么多人却不敢站在台上发表演说呢？

心理学家归纳总结出人类的三大恐惧：怕火、怕高、怕上台演说！因此，当你学会公众演说后，就能快速突破自我，拥有超人般的自信，绽放无限的个人魅力！

经过调查发现，全世界所有人中，大部分人不敢上台讲话，只有极少数的人，敢于突破自己，站在台上发表热情洋溢的演说。所以，当你决定：你要勇敢地站在台上去演说，恭喜你——你已经迈入了那少数成功人士的行列！

许多人害怕当众说话，但许多人又希望自己能在公众面前侃侃而谈。美国著名作家、演说学家戴尔·卡耐基在总结他毕生从事演说教学生涯的体会时说："我一生几乎都在致力于协助人们去除恐惧、培养勇气和信心。"公众演说是建立自信最快、最好的方法。

恐惧会让你的人生丧失掉无数的机会，是你成长发展最大的障碍。这个世界上是成功的人多，还是失败的人多？很多人一定会回答应该是第二种吧。错！既不是前者，也不是后者，而是第三者——害怕失败的人多！很多人因为害怕失败而不敢去成功。

其实，一体两面，事有阴阳。正如老子道德经所言："有无相生，难易相成，长短相形，高下相倾，音声相和，前后相随，恒也。"事物有阴必有阳，有成功必有失败，一个从来没有失败过的人很难有真正的成功。无论是政界领袖，还是商界名流，抑或是娱乐圈的巨星们，在他们今天成绩光环的背后，都沉淀了无数的失败和挫折！所以，其实失败本来就是成功的一部分。

有很多学员曾经问过我同样的问题：老师，我上台紧张怎么办？我说，凡是活人，上台都会紧张！所以，演讲前，首先就要接受你紧张的客观事实。

其实，紧张是人们的一种正常心理反应，即使是多年的职业演说家，在迈上讲台的那一刻也会有或多或少的紧张。所以，紧张是正常的！而且相关研究表明，适度的紧张会促使人更加兴奋，对演说反而有帮助。会使你对外来刺激保持某种警觉性，临场反应能力会因此而更加敏捷，说话会更加流畅。

美国前总统尼克松说，每次发生危机时，都发现紧张能在三个方面发挥至关重要的作用：

紧张对于任何创造性行动都是必要的；

紧张是你在面临危机时的一种自然反应；

紧张只有在你的担忧超过了你必须对付的危机时才是有害的。

由此可见，紧张不见得是件坏事，适度紧张不但无害，还会起到积极的作用。对于当众讲话来说，适度紧张会让我们重视听众，重视我们的表达方式，不会懈怠。只要你在乎听众，想给听众留下一个好印象，自然就会重视你的讲话，不会完全放松。我们前面提到的很多演说家终身没有消除演说的紧张也是这个道理，这样反而会增强表达的效果。

第二节　当众讲话紧张的根源

在十多年演说培训生涯中，我见到过各种各样的学员，因为过分紧张而闹出各种各样的笑话，有人嘴唇和腿一起发抖，有人面色苍白、眼神空洞，有人上去后又撂下麦克风跑掉，还有人晕倒，还有人居然尿湿了裤子……亲爱的读者，您属于以上的哪一种呢？您虽然紧张恐惧，应该不会比上面的人还严重吧？

既然紧张是人的一种反应式行为，那当众讲话紧张到底是什么造成的，笔者认为，怯场恐惧，究其原因，无外乎以下几种：

（1）不知道要讲什么。

（2）怕自己讲得不好。

（3）想讲的很多，却没有逻辑。

（4）准备不充分。

（5）有过失败的阴影。

（6）由于学历低或者能力不强而自卑。

一位美国演说学家查尔斯·R. 格鲁内则提出了"自我形象受威胁论"。他认为"每个人都具有理性的、社会的、性别的、职业的自我形象，当人们进行演出、演说时，其自我形象完全暴露在公众的面前，由于害怕自我形象会遭到破坏，因而让人产生了窘迫不安的怯场心理"。"害怕自我形象会遭到破坏"是什么意思？用我们通俗的话来说，不就是"怕出丑"、"怕丢脸"、"怕没面子"吗？

其实，查尔斯·R. 格鲁内提出的理论，他们谈到紧张怯场的原因时，都有一个非常重要的关键词——害怕。不管你害怕的是什么，都是由于出现了害怕的感觉，让人产生了紧张。害怕和紧张是两个不同的概念，不是环境恶劣直接造成紧张，而是环境先让人有了不安全感，产生了害怕心理，才会导致紧张出现。

第三节　克服紧张的方法

充分的准备和大量的演说实践是消除紧张的唯一途径。通过实践经验，我总结了六种方法可以运用以减轻紧张怯场的心理。

一、充分准备

戴尔·卡耐基在他的自传中写道："不论是大、小的演讲，我都会做精心的、长时间的准备，以确保演讲的成功。"卡耐基曾经历过这样一件事：

在纽约扶轮社的一次午餐会上，一位显赫的政府官员将发表演说，大家都拭目以待，希望听他叙说一下部里的工作情况。可是，很快大家便发现，这位官员事前并没有做准备。本来，他想随意即兴一番，结果没有成功！

这位官员从口袋里掏出一叠笔记，这些笔记一点秩序都没有，就像是一货车的碎铁片。他手忙脚乱地在这些东西里搜索了一阵子，可是随后说出的话，越发显得尴尬笨拙。

时间一分一秒地过去，官员也变得越来越无条理，越来越糊涂，可是他却继续在挣扎，还想把笔记理出一点头绪来。他用颤抖的手举起一杯水，凑到焦干的唇边……他完全被恐惧击倒了，就只因为完全没有准备！最后，他坐了下来。

卡耐基认为，这是他所看到的最丢脸的演说家之一。这位官员发表演说的方式，始于不知所云，也止于不知所云。因此，卡耐基一再强调，只有有备而来的演说者才能获得自信和成功！就如同上战场一样，带着有问题的武器，没有一点弹药，怎么能攻克"恐惧"之堡？

演讲前，背熟演讲稿、整理好思绪，准备充足一些，会让你底气充足。如果条件具备，完全可以找两三个朋友充当听众，给他们试讲一番，让朋友给自己提一些意见和建议，及时修改。如果是演讲比赛，更要精确地计算时间，宁短勿长。

除此之外，演讲者还要早点到会场，熟悉会场环境、音响效果、噪声指数、光线强度等，了解观众的大体情况，如观众的人数、文化程度、年龄、性别等，甚至还可以到听众中去找人聊聊。如此一来，演讲者就会觉得，演讲仅仅是一次扩大了的谈话，听众只不过是谈话的对象。那么，在正式演讲时，就可以消除陌生感。

二、深呼吸

很多人在上场时，为了调节自己的情绪，就会做深呼吸，这在心理学上叫注意力转移法。刚才把注意力放在担心上，现在把注意力转移到深呼吸上，就可以让自己的心情放松平静下来。

有个年轻人做了销售部主管，成了部门管理者。作为管理者，需要做的第一件事就是给成员开会。可是，在过去他仅是一个销售员，虽然自己产品销售得不错，可是如果让自己对其他成员讲话，他就犯难了。

年轻人将自己的困惑告诉了自己的同学，同学给他支了一招——正式讲话前，先做做深呼吸！年轻人按照同学的建议，平复了心情，给成员开会的时候，紧张感消失了。

在开始演讲之前，深呼吸 30 秒，所增加的氧气供应不仅可以提神，还能够给你勇气。适度的深呼吸有助于缓解紧张、焦躁、烦闷的情绪。在演讲紧张时，完全可以运用深呼吸法进行心理和生理调节：全身放松，目光转移到远方景物，做缓慢的腹式深呼吸 5 ~ 10 次，甚至更多。

三、肢体运动

为了缓解自己的紧张情绪，有些演讲者上台之后，会做一些简单的肢体动作，或者跳动，或者拍胸膛，或者拍打肩膀。事实证明，这确实是一种缓解紧张情绪的好方法！

一位体育学院的大学毕业生，应聘到一个中学当体育老师。虽然毕业前，他在一所学校做过实习，可是当他真正面对自己的学生的时候，十分紧张，说话都语无伦次了。他发现了自己的异样，便跑到体育室抱出一个篮球。

要知道，在大学时，篮球可是他的强项，而且他也从小就酷爱玩篮球。因此，当他将篮球玩弄于股掌中的时候，全班学生都惊呆了！一个标准的后仰跳投后，学生们都大叫起来！接着，他又做了几个难度高的动作。在和学生的互动中，他也没有那么紧张了。

四、积极的自我暗示

演讲的时候之所以会感到紧张，无非就是心理承受压力过大，担心自己在公众面前说错话而遭到别人笑话，因此，进行积极的自我暗示是非常必要的！

在一次重要的国际田径比赛中，一名跳高运动员面临着冲击金牌的最后一跳。教练对她说："好好跳，只要跳过这两厘米，你就可以获得一套房子。"结果，运动员愣是没跳过那"两厘米"，"房子"也泡了汤。

在洛杉矶奥运会上，跳水王子洛加尼斯受了伤，同样也面临着争夺金牌的最后一跳，但他只轻松地对自己说："我一定能跳好！跳完这一轮，就可以回家吃妈妈做的小甜饼了。"他微微一笑，从容跳入水中，以优美的姿态征服了所有裁判及在场的观众，赢得了久久的掌声，获得了金牌，既和妈妈一起品尝了小甜饼，也得到了政府奖励。

两个运动员，同样是用语言激励，因为"说法"不同而导致了完全不一样的结局。

我记得自己在前些年刚上讲台的时候，经常需要给自己积极的暗示。甚至是即使在历经十余年讲台磨炼之后的今天，当有时感觉能量不强的时候，我也经常做一些自我暗示的动作或语言，给自己打气。我告诉自己：又是一次伟大的演讲，人们会因为听完我的演讲而受到很大的帮助和改变。我仿佛看到了人们激动欢呼的场景！

多一次暗示，就多一次信心。告诉自己：我是最棒的！我是最好的！如此，便会很好地消除紧张感，保持精力充沛。

五、允许丢脸

凤凰卫视的节目主持人窦文涛有"名嘴"、"铁嘴"之雅号，嘴巴着实厉害。但是，窦文涛小时候嘴巴并不灵巧，虽然爱说话，但是说不好，结结巴巴，有点口吃。

上初中的时候，有一次，老师跟他说："窦文涛，学校组织演说比赛，我看你挺爱说的，你来参加吧。"窦文涛犹犹豫豫地答应了，回去开始写演说稿，写完了自己觉得挺不错，就开始背。背的时候自己还发明了一套方法，把每个自然段的第一个字作为关键字记住，一想到这个字，这一段就倒背如流地背下来了，效率很高。

演说会那天，窦文涛一上台，哎，怎么感觉跟家里不一样？家里没人，但这时台下黑压压的一大片。他当时有点慌，赶紧背第一段吧。第一段背完之后就想第二段的第一个字，想起来了，第二段也背下来了，还挺顺利。这时，他就想第三段的第一个字，麻烦了，这第三段的第一个字是什么呢？想不出来了，再想还是想不出来，一紧张，整个脑袋空白，什么都没有了。再一看，台下开始交头接耳，开始议论上了。

窦文涛站在台上足足半分钟，一句话也没有说，他越来越害怕，最后突然感觉裤子湿了：尿裤子了。结果全校师生看着窦文涛尿湿了裤子跑下台。

第二天窦文涛来上学，也觉得挺难为情，好像全校女生都在看他。老师来找他："窦文涛，你昨天虽然没朗诵完，但是前面两段朗诵得还是不错的，能背下来一定能拿个名次。你知道吗，这一次我们学校的演说比赛是为区里的演说比赛做选拔的，根据你昨天的表现，我们决定让你到区里参加演说比赛。"

天啊，还要参加演说比赛啊？大家想一想，窦文涛还会答应吗？窦文涛后来在回忆这一段经历的时候说："我一听老师还让我参加区里的演说比赛，自己都没想到我答应得竟然很痛快。"

为什么呢？因为窦文涛想，我昨天当众尿了裤子，丢人已经丢到家了，还能有比这个更丢脸的事情吗？自己觉得无所谓了，答应得自然很痛快。结果这一去还真拿了个名次回来。

所以，丢面子本来就是一件正常的事，是走向成功必须付出的代价，也是"挣"面子的开始。所以，要发自内心地接受自己也会有没面子的时候。

六、放下自我，一有机会就上台

在人前说话紧张的人，大都是想要说话时呼吸紊乱，氧气的吸入量减少，头脑一时陷于痴呆状态，而不能按照所想的词语说出来。某种意义上说，"呼吸"和"气息"是一个意思，因而调整呼吸就是"使气息安静下来"。

说话时全身处于松弛状态，静静地进行深呼吸，在吐气时稍微加进一点力气。这样一来，心就踏实了。此外，笑对于缓解全身的紧张状态有很好的作用。微笑能调整呼吸，还能使头脑的反应灵活、话语集中。

戴尔·卡耐基先生多次讲到这样一个故事：

很多年以前，在我举办的示范教学会中，有一个从纽约《太阳报》来的记者，毫不留情地不断攻击我和我的工作。我当时真是气坏了，认为这是对我极大的侮辱，不能容忍。我马上打电话给《太阳报》执行主席古斯·季塔雅，要求他特别刊登一篇文章，以说明事实真相，不能这样嘲弄我。我当时下决心要让犯错误的人受到应有的处罚。

现在我时常为当时的举动感到惭愧。我现在才了解，买那份报的人大概有一半不会看到那篇文章，看到的人里面又有一半只把它当作一件微不足道的事情来看，而真正注意到这篇文章的人里面，又有一半在几个礼拜之后就把这件事情忘得一干二净。

没错，卡耐基当时是太较真了，有些事情真的不用太认真，要放下自我。演讲中，为了缓解自己的紧张情绪，也要放下自己。

同时，有些人之所以一上台就紧张，主要是因为平时练习的次数较少。熟能生巧。因此，要想提高自己的应场能力，就要多练习，只要一有机会就上台！

第二部分 开始演说

2015 年 6 月 9 日中午，马云在纽约经济俱乐部发表了主旨演讲，他是这样开场的：

非常荣幸，从来没想到会有这么多人来听我的演讲。我站在这里的时候，感觉自己如此重要，如此责任重大。谢谢你们！正式开始演讲之前，我想请问一下在座有多少人在使用阿里巴巴的服务？好，不是非常多。那么，你们当中有多少人从来没有去过中国？好。

20 年前，我第一次踏上美国，美国之旅的第一站是西雅图。来到美国之前，我从课本、老师、学校和父母那里了解美国，我以为自己已经非常了解美国。但是，当我踏上这片土地的时候，我才发现我完全错了，美国这个社会和我从课本上学到的根本不一样。

在西雅图，我平生第一次认识了互联网。回到中国之后，我告诉朋友们，我打算开一家互联网公司。我邀请了 24 位好友，讨论了两个小时。到了最后，还是没有人理解我想要做的东西，我们进行了投票，23 人选择反对。我的朋友们劝我说："忘了它吧！根本就不存在这么一个叫作互联网的东西，千万不要去尝试。"只有一个人对我说："马云，我相信你，虽然我不知道你想要做什么，但如果你想做，就大胆去做吧，因为你还年轻。"那年，我30 岁⋯⋯

这段演讲娓娓道来，如同和他人聊天一般自然，使人们有听下去的欲望。

第四章　演说的目的

不管做任何事，都是有一定的目的的，演讲也是如此。在正式演讲之前，首先就要确认自己演讲的目的是什么；通过这次演讲，你想达到什么目的；在这次演讲中，你想将哪些信息传递给听众……唯有如此，你的演讲才是有针对性的，才能达到你想要的效果！

在正式开始演讲之前，首先要明确演讲的目的，例如：

（1）这次演说你的目的是什么？你要达到什么样的结果？

任何一个人都不会无缘无故地去演讲，例如，为了提出新的理念，为了号召人们遵守新法则……在开始演说时，就要问问自己，你这次演说的目的是什么？

同时，还要确认，通过这样的演说，你要达到的结果是什么样的？是要推销自己，还是要传递资讯；是要化解危机，还是要激励员工；是要吸引人才，还是要招商加盟……

事实证明，你的目的越清晰，就越容易实现。正如如果看不到靶心，如何能射中？

（2）为了达到你的目的，你需要给予听众什么？你的听众要什么结果？

你的听众这次最大、最普遍的需求是什么，他们最喜欢听的内容是什么，他们想要什么样的结果……满足听众的需求，给予他们想要的结果，自然就能得到你想要的结果。

老板给员工演说，老板想要什么结果？想要所有员工万众一心，上下同欲，推动企业的发展进步。老板说，大家在这一艘船上，这就是你的船，只要我们所有人同心协力，就一定能够到达成功的彼岸，彼岸有金山。员工想要什么样的结果？员工想要的是，企业到达彼岸，来到金山后，我有什么好处。所以，老板、企业领导人，必须满足员工到达金山后的好处，你要告诉他，到达金山后，他会得到什么。满足他想要的，才能得到你想要的。

演说时如果你能最大限度地满足听众想要的，最后也会得到你想要的。于是问题来了，演说者如何判断听众想要的是什么呢？

心理学家马斯洛发现所有人都有 5 个等级的需要，从最初级到最高级分别为生理需要、安全需要、社交需要、尊重需要和自我实现需要（就是人们瞬间产生的短暂的成就感，在那一刻你会认为自己绝对正确）。因此，你在进行演讲时就要在心里始终提醒自己注意听众的这些需求，从而引导他们关注你的演讲。

演讲者站在台上就是商人，你的商品就是你的信息，你要做的就是将它们推销给你的听众。你的听众或许能够暂时被你吸引，但要想长久地保持这种状态却并非易事，因为他们的注意力会不断发生变化。因此在演讲中你必须始终记得我们前面反复强调的：你要洞悉听众的情感和心理，只有抓住他们的心理，你的演讲才能始终引人入胜。你所列举的每一个事例，都应考虑听众的心理需要，尽量与他们的切身利益联系起来。

下面是 25 条在任何情况下都不过时的商人成功法则，从中你可以清晰地看到马斯洛的需求层次论所涉及的每一项内容。参照这 25 条成功法则，看自己是否在演讲中做到了将这些情感需求考虑在内：

赚钱、省钱、节约时间、省力、获得舒适、改善健康、摆脱痛苦、成为时尚、吸引异性、获得赞赏、保持财富、增加快乐、满足好奇、保护家庭、独具风格、满足个人爱好、超越他人、拥有美好、避免批评、远离麻烦、把握机遇、坚守独立、维护信誉、支配生活、永远安全。

　　作为演讲者，只有了解了听众的心理需求，只有用真挚、热情的态度去演讲，听众才会赞同你、配合你。事实证明，当你投入演讲中，热切地表达自己的观点和思想的时候，听众就会不由自主地跟随你情绪的脚步，而不是站在你的对立面。

第五章　演说的准备

　　很少有人能够在没有准备的情况下而敢于上台演讲，即使真正上台了，演讲多半也无法取得理想的效果。不管做任何事情，都是需要提前准备的。对于演讲来说，不仅要做好听众的准备，了解听众；还要准备好演讲内容，提前准备好会场……缺少任何一个环节，都可能影响到演讲的最终效果。

第一节　听众的准备

　　演讲之前，需要做好很多的准备，其中一项就是听众的准备。

一、为何要了解听众

　　为什么要了解和掌握听众呢？这是因为：

　　第一，听众是演讲活动不可缺少的重要方面。

　　演讲是演讲者与听众的双向交流活动。演讲者是信息的传播者，听众是信息的接受者。演讲者离开了听众就失去了对象，演讲活动就无法进行。

　　第二，了解和掌握听众是实现演讲目的的客观要求。

　　演讲的目的是说服听众改变态度并按照演讲者的意图去行动，这就要求演讲者了解听众的心理、要求和希望以及对你所讲观点的态度，这样你才能有的放矢地作好演讲。

第三，听众是具有主观能动性的积极参与者。

听众在演讲活动中虽处于客体的地位，但也绝不是被动的"接收器"，而是具有主观能动性的积极参与者。如果听众对演讲内容有极大兴趣，便会采取积极、热情的合作态度；反之，则会采取冷漠甚至敌视的态度，演讲就不会成功。因此，演讲者必须在了解听众的基础上力求触发听众的兴奋点和创造欲，才能实现最终的目的。

记得2014年春天，在一次执行力讲座上，我讲到一个案例：

在电视剧《亮剑》中李云龙是如何把敌人消灭的。那个案例精彩生动，其中也有讲到敌人的可恨。但是发现在学员中有一小部分群体居然垂下了脑袋。两天的课程本来气氛很好，大家也一直反馈很好，却在这个环节里出现了点小异常。

结束课程后，我就找主办方了解情况。一聊才发现，原来在现场临时增加了一批日资企业的高管。幸好我极少在台上去讲批评指责的东西。

所以，尤其是你要讲到一些有针对性的主题时，更要深入地了解你的听众。

二、做好听众准备的方法

那么，在演讲前，如何做好听众的准备呢？

（一）听众心理状态分析

成功的演讲者既要使演讲成为听众的一部分，也要使听众成为演讲的一部分，而其中首要的，便是要了解和掌握听众的心理特点。

总的来说，听众的心理主要有以下四个特点（见表5-1）：

表5-1 听众心理的特点

特点	说明
听众对信息的接受具有选择性	听众听演讲是用听觉、视觉器官及大脑进行认识的一种综合心理活动，它是在已有经验、知识和心理期待的基础上进行的，因而具有极强的主观色彩和选择性 首先是选择性注意，即只注意那些他们已知、有兴趣、有关系或渴望了解的部分；其次是选择性记忆，即容易记住那些自己愿意记住的信息，忘记那些自己不喜欢的信息；最后是选择性接受，即愿意接受那些与自己一致的观点
听众对演讲的态度受自身的影响	对同一演讲者的同一内容，听众由于受自身态度的影响而采取不同的态度
听众都有特殊的心理需要	每个听众听演讲的心理需要都与切身利益相关：有希望长知识的，有希望开眼界的，有希望解决实际问题的
听众心理是独立意识与从众心理的矛盾统一	听众心理既有独立思考、不唯上、不唯书的独立意识的一面；又有受其他听众影响改变自己看法的一面

为了了解听众的心理需求，可以采用这样一些途径：①通过听众所在单位的领导；②通过某一地区、时期的社会舆论；③通过开小型座谈会或与听众个别交谈；④通过演讲过程中的提问、插话等。

（二）听众的具体构成成分

一场具体的演讲，要想达到感染听众的目的，还必须事先了解听众的具体构成成分，以便有针对性地做好演讲材料、演讲技巧、演讲风格的准备。

从参加演讲会的目的来看，听众大致可分为以下几种类型：

（1）慕名专程而来。一般来说，当著名政治家、科学家、演讲家、体育明星、影视明星等发表演讲时，往往有大批听众慕名前往。这是因为群众对各类名人都怀有一种好奇、敬仰、钦慕的心理，也就是我们通常所说的"粉丝效应"。

此类听众的主要目的大多是为了一睹名人风采，他们一般不太计较演讲水平的高低。同时，潜在的崇拜往往使名人们的演讲在听众中激起异乎寻常的热烈反响。

（2）求知学习而来。对于求知欲较强的听众而言，为了获取新的知识和能力，他们会自觉选择那些能满足自己求知欲的演讲。就像我们现在在各个网站上看到有许多世界名校的公开课、学术讲座、技术辅导、国外见闻等，这些课程和演讲能够吸引大批听众正是因为这些演讲满足了听众的求知欲望。此类演讲只要内容充实、条理清晰，听众一般不会过于挑剔演讲技巧。

（3）好奇而来。这类听众对自己渴望了解的演讲话题总是抱有极大的兴趣。例如，政策解读、保健问答、产品介绍等演讲，如果听众对演讲者本人或者演讲内容有兴趣，或感到好奇，听众就会十分主动地参与演讲交流过程。此类听众对演讲者的身份、地位、演讲水平不会有苛刻的要求，只要求演讲者把演讲内容交代清楚就可以了。

（4）捧场而来。我们在许多电视选秀节目和某些命题演讲比赛当中经常能够看到，往往有一些演讲者的同学、同事和亲属前来助威和捧场。这类听众的人数虽少，但在渲染演讲会场气氛、调动其他听众情绪方面能起到极其重要的作用。演讲比赛和体育比赛一样，东道主往往因"地利、人和"而占据优势地位，其主要原因是拥有自己的捧场者。

三、演讲方式因人、因时而异

以上仅仅分析了听众参加演讲会的目的。在演讲实践中，演讲者还可以从其他角度了解听众的成分构成并采取不同的演讲方案，如人数的多寡、男女性的比例、职业差别、文化水平的高低等，都会影响到演讲方案的制定。

"六一"前夕，某市举行庆祝"国际儿童节"大会，除了幼儿园小朋友和小学生以外，还有一些学生家长、学校教师和市局干部出席。庆祝大会按照一般会议程序进行，领导致辞、宣读表彰决定、颁奖、优秀教师和家长代表发言……前半场一切都还显得非常快乐和谐，然而这种有序的状态只维持了不到半个小时，小朋友们开始有的哭闹、有的满场跑动，会场一片混乱。市委领导大喊"安静"也无济于事。

在这种混乱的局面之下，轮到一个市长助理讲话。这位市长助理根据现场的实际情况，当即放弃了他事先准备好的讲话稿，带着小朋友们朗读起他即兴创作的一首儿歌。整个会场就在热烈而充满童趣的气氛中恢复了良好的秩序。

这位市长助理无意中遵循了一条听众法则：当儿童与成人混杂在一个会场时，演讲者首先应对儿童说话。

推而广之，我们还可以从中得出这样一个更为普遍的演说技巧，那就是无论底下听众是怎样的心理状态，演讲者必须时刻记住这样一个原则——展开同理心，快速进同频！只有这样，才能够让你最快速地被听众接受，并与听众一起迈入演讲的巅峰状态。

（一）同理心引导

2014 年 6 月下旬，我在北京为三星公司进行为期两天的培训，课间休息时接到一个朋友来电，他听说我到北京了很兴奋，给我问候的同时问我能否再留出一天的时间给他们员工进行一个培训，正好我接下来还有时间，于是简单了解完情况就匆忙答应下来，然后继续上课。

但是，我却不知道这批学员具体是什么情况。后来才知道，他们本来是青岛公司的骨干精英，来北京旅游四天，根本不知道要参加培训。他们在半路赶往北京的大巴车上，得知这个消息，所有人"惊闻噩耗"后全部鸦雀无声。大家本来是乘兴而来，早就计划好了四天的行程，分别要去哪里游玩，结果却变成了这样的情况。

很多人心里想：居然要培训？干嘛不早说？早说我就不来了！即使我爱学习，也不希望现在安排什么培训啊？大家在"悲痛"中继续前行，可以想象他们当时的心情是多么沮丧。

大巴车承载着满车的郁闷继续前行，抵达石家庄附近时，前面路上发生了交通事故，所有的车在马路上堵成了长龙。他们在那里被堵了四个多小时，大家又困又饿，身心俱疲；赶到北京的时候，已经是晚上十点了。吃完晚饭，睡觉时已经是十二点多了。

第二天一大早起来，来到会场去参加由原本美妙的旅行改成的"该死的"培训。

早晨会场门一打开，我看到大家进来时的情景：一个个无精打采，身心疲惫，懒洋洋地拖着沉重的脚步来到座位上无奈地坐下，然后垂头丧气地准备聆听一天的课程。

我猜当时很多人心里在想：讲台上这个人到底是从哪里突然冒出来的，居然还要给我们上课？我从他们的表情里可以读出来。可能有人当时甚至在想，这个人最好突然晕倒，然后培训终止，他们可以继续他们的旅游，那该是多么的快哉美哉！

多年的演讲经历，我也算身经百战，见过无数的学员，也有各种特殊情况的发生。我在了解到他们当时的情况之后，一上场压根就没着急给他们培训，因为我知道他们此刻内心的"痛苦"。

于是，我开场便讲：诸位，我知道此刻坐在这里的你们是多么的不容易，是多么的"心酸懊恼"。你们本来在兴冲冲地赶往北京旅游的路上，情绪高涨、无比兴奋，却突然接到"噩耗"，说今天的旅游改成了培训；接下来，福无双至，祸不单行，你们又在路上遭遇堵车，一堵就是四个多小时，然后在那里忍饥挨饿，直到半夜才赶到北京，等到吃完饭上床休息已经是后半夜了。所以，现在的你们是身心疲惫、人困马乏啊！

我讲到这里，很多人开始点头：老师，理解万岁啊。接下来，我开始给他们做情绪的调动、心态的调整，十分钟后，大家慢慢调整完毕进入课程。有学员在一天的课程结束后分享：老师，我本来是要来北京旅游的，听说改成培训我当时简直恨死了；现在我要说，即使后面所有的旅游不参加，我这次北京之行，已经超值了，谢谢罗老师！还有学员分享：我本来要在北京旅行，却真的没想到，在启程之前，有这么大的意外礼物，让我先有了一次心灵的旅行，有了一次心灵的洗礼。老师，真心谢谢您！

如同每次的培训，一切都在意料之中！但是，如果在事先没有对学员的了解，如果没有一开始就展开同理心的引导，学员进入演讲的速度就会很慢很慢，甚至有人内心里一直会有抗拒的声音，而不能接受任何的资讯。

尊重听众是征服听众的一个前提条件。在听众面前，无论是有意还是无意，若是只顾显示自己，必然会遭到听众的反感，而受到冷遇。当你站在听众面前发表演说时，你就像陈列在橱窗中的商品一样，自己的各种人格层面，都会一览无余地呈现在别人面前，而且是一种毫无自知的流露。

只要你怀有一丝一毫的骄傲之心，就会带来无法收拾的后果。此时你绝不能妄自尊大，应谦虚谨慎地向听众表示你的诚意。这样，听众才不会小看你，相反还会认为你是一位诚实坦白、值得信赖之人，你的演讲即能在一种融洽的氛围中进行并取得成功。

（二）分析听众生理状态

现在的听众处于什么样的客观环境下，他们来到这个会场听这次演讲处于什么状态？在有些特殊情况下，很多听众坐在会场上时可能并不是处于准备聆听的状态，如可能处于饥饿劳累的时候。

2014年7月，李阳老师在青岛希尔顿酒店演讲，原定的时间是下午四点开始，在这之前是另外一个老师演讲。于是，李阳老师在下午三点半就在会场外等候。

结果之前的一个老师没有准时到场，到下午三点了才出场开始演讲，而且中间没有课间休息，李阳老师一直在外面耐心等候，一直到了晚上快十点，前一位老师终于下课了，未间断地讲了六个多小时。简单休息十分钟后接着上课，几乎所有学员这中间都没有吃饭，李阳老师在这种情况下出场。

上场之前主持人就宣布了，因为所有的学员都没有吃晚饭，所以李阳老师也拒绝吃晚饭，与大家一起并肩作战。这个举动让所有学员心里感觉暖呼呼的。李阳老师一上场就跟大家讲，时间略晚，大家可能会饿，所以，我把时间压缩尽可能早一些结束，所有学员立刻感受到李阳老师的同理心。历经26年打拼磨炼的李阳老师也不愧是舞台上绝顶的演讲高手，短短五分钟就立刻让所有人进入了状态，并且所有人在不知不觉间就度过了三个多小时，早已经忘记了饥饿劳累。到一点半结束的时候，还有很多人久久不愿离去，在等候老师的签名合影。

所以，面对无论是听众心理还是生理上的各方面抗拒排斥，要永远记得：展开同理心，快速进同频。这可以让你快速进入听众心里，打开彼此沟通的心门。

第二节 演讲内容的准备

一、选择主题

读书的时候，我们会先看书名，然后再看章节目录；读报纸文摘的时候，我们会先看标题；阅读一些文宣广告的时候，我们也会先看标题。假如标题没有吸引力，可能后面的内容我们就不会再深入了解。所以，假如你的标题不能引起别人的兴趣，你已经输了一大半。所以，主题是我们整个演讲的开始！

选择主题的时候通常要考虑三个方面：第一，选择听众喜欢的话题。第二，自己的专长和经历。第三，当时环境下适合什么。

（一）选择听众喜欢的话题

在我的品牌课程当中，有一堂销售训练课，综合了国内外众多顶级销售大师的体系，再经过自己的磨合实践，将销售的道术器融入了整个课程。一开始，课程的名称就叫销售精英训练课，效果不甚理想，后来更改课程名称为"成交为王"，事后很多学员反馈，说看到这个名字就想要来了，因为他们太需要成交了。

青岛掌众公司是一家技术实力非常雄厚的 IT 公司，这家公司在 2013 ~ 2014 年进行 Wi-Fi 系统全国推广的时候，在各地召开会议，紧扣当时微营销的脉搏，以"微营销，赢未来"为主题。2015 年在做"点评微生活"（移动时代会员营销 CRM，通过精细化的会员营销，为商家提升老客户重复到店率）产品的时候，针对各行业面临的巨变、业绩的下降，他们提出了新的会议主题——"如何倍增业绩，让八成老客户再回头"。

总之，你要了解你的听众，他们喜欢的是什么，他们感兴趣的是什么，这样就能最快掳获听众的内心。

如何选择吸引人的主题呢？一般听众对以下几个话题都怀有浓厚的兴趣：

1. 事关听众利益的主题

听众最关心涉及切身利益的事情，所以高明的演讲者应该具备把间接涉及听众利益的话题转化为与听众直接有关的话题的能力。如果你的对象是老板，你的主题可以是"企业如何实现业绩爆炸式增长"、"业绩倍增，老板解放"、"三年十倍速增长策略"、"'互联网＋'下传统企业的转型"、"企业开源节流的三大绝招"等；如果你的对象是员工，你的主题可以是"如何赢在职场，快速脱颖而出"、"薪水如何一年翻两倍"；如果你的对象是家庭主妇，你的主题可以是"家庭幸福的十大绝招"、"如何让自己永远十八"等；以上凡是与听众利益相关的话题，更容易吸引听众的参与。

2. 满足学习成长，求知欲望的主题

人们对于陌生的知识领域和无限的宇宙、遥远的过去、神秘的未来总是感到迷惘和困惑，总希望掌握各类知识，充实自己和发展自己，这是人类生存的本能需要。例如，我们经常在电视节目里面看到专家学者为广大电视观众讲解历史知识、传统文化和社交礼仪等方面的内容，就是为了满足广大人民群众日益增长的物质文化需要。

如果你的听众是即将走向考场的学生，你的主题可以是"如何调整考前紧张情绪"、"考前复习高原现象分析"等。

3. 满足群众优越感的主题

在当今移动互联网飞速发展的环境下，选择一个满足群众优越感的话题既简单又困难。世界上几乎没有人不喜欢"奉承"，所以演讲者应尽量掌握听众的基本情况，以便在演讲过程中穿插一些能满足听众优越感的话题，以收到良好的效果。

查理·雷诺尔·布朗博在艾尔大学演讲时曾说："对于你的话题，应先深思熟虑，然后扩大范围，慢慢地去思考，逐一将想得到的片断记录下来，目的在于固定你的想法，这样才能整理出有系统、有重点的演说题材。"

4. 刺激好奇心与娱乐性的主题

人人都有好奇心，世界趣闻、名人轶事、突发事故、科学幻想、个人经历等，都能激发听众的好奇心。平淡无奇，过于严肃、沉闷的内容不可能取得演讲的成功。然而，若能在演讲中穿插些幽默、笑话或以娱乐性故事为话题，就能在短时间内提起听众的兴趣，这种话题大多用于礼仪场合和出于交际的目的。

就像在很多电视选秀节目中，许多嘉宾都会时不时地"抖露"出一些明星之间的八卦新闻，以达到吸人眼球的目的，这也是为了配合电视节目组提高收视率的需要。

此外，我们在微信中也不时地看到一些好奇的主题。因为要想在海量的微信信息中去引起别人的注意力，就需要一个别出心裁的主题。当然，经常用哗众取宠的方式就不可取了。

（二）自己的专长和经历

了解听众想要的之后，你要考虑你能给予的、你的专长是什么、你的经历是什么、哪些是你自己最清楚和最擅长的事情，讲这些你会如数家珍、驾轻就熟、充满自信，同时也会感染听众、吸引听众。

作为演讲者，可能都有这样的体会，个人体验比理论更重要。当自己的演讲生动、激昂、富有吸引力时，其内容必定是自己最熟悉、最了解、最清楚的事物。

听众最为关心的是与其生活息息相关的现实问题，他们对空泛的理论不感兴趣，如果不了解这点，而对一知半解的真理和主义发表无意义的议论，那么，即使求救于资料、书刊，甚至课本，东拼西凑成一篇冗长而无内容的演说词，同样是无济于事的。

演说者往往认为个人的生活经验是凡人小事，并且是特殊而隐秘的，所以不仅不值得公开发表，演说时还应尽量避免谈论个人的经验体会。事实上，这些个人的生活经验以及富于个性的见解，才是听众最乐于倾听的内容，其所产生的反响也才更为强烈。

在人们组织的一些即兴演讲活动中，我们会发现让参与者说他们最感兴趣和最为困惑的话题，竟然就是"适当的话题"。其实，适当的话题就是那些从你生活的环境和人生经验中发掘出的内容，也就是给你留下的印象最深、意义最长久的经验。调查分析证明，每个人特定生活环境内的事正是听众最容易接受的话题。

凡是有关个人家庭、幼年及学校生活的回忆，都能引起听众的兴趣。因为每个人都有一个共同的心理，希望了解别人在各种处境中是如何克服困难的。

当然，若是将你过去的生活经历，像陈年老账一般翻来覆去地叙述就没有意义了。应将在你的经验之中，能让你长久地保持鲜明、深刻的印象，或者一旦想起来就能令人激动不已的生活片断，来作为你演讲主题材料的选择对象。

还可以谈你个人的兴趣和爱好，这样也能满足听众的好奇心，并引起共鸣。总之，以个人爱好为题材的富有启发性的谈话，定能使听众倍感亲切。

特殊知识领域的内容也是很好的话题。如果你长期接触某一特定的工作，就会成为这方面的专家。那么你就可以根据自己长年积累的实践经验，以一种通俗的方式将这类话题谈论出来，这样你便很容易地引起听众的尊敬和注意了。

除此之外，还有许许多多好的话题，如你是否遇见过什么伟大不凡的人物？你是否曾在严酷的环境中搏击？你是否经历过精神危机？这些特殊的体验都是绝好的演说资料。

因此，演讲者应该选择那些自己熟悉并有坚定不移信仰的话题。如果演讲者要就某一不太熟悉的话题演讲时，就应该充分收集资料去熟悉演讲话题，并全身心地投入这一话题的准备工作。

（三） 当时环境下适合的

演讲的时候，内容要适合当时的场合。例如，对一批山区的农民演讲的时候，不断地使用着"是可忍，孰不可忍"之类的文言句子，即使你的拳头握得再紧，你的声音提得再高，听众也会一片茫然。

日本著名作家川端康成在瑞典斯德哥尔摩接受诺贝尔文学奖时，做了题为《我在美国的日子》的演讲，尽管文气十足、讲究优美，但由于适合到会的听众、适合当时的环境，所以，被认为是一篇著名的演说词。

二、架构讲稿

演讲稿的结构分开头、主体、结尾三个部分，其结构原则与一般文章的结构原则大致一样。

（一）开头

演讲稿的开头，也叫开场白，它就像是戏剧开头的"镇场"，在全篇中占据着重要的地位。一次成功的演讲是多方面因素一起发挥作用的结果，但好的开头，作为进入演讲的第一步，无疑是一个不可忽视的重要因素。

好的开头的表达效果是多方面的，或让人感奋，或让人惊异，或发人深思，或催人警醒……无论设计什么样的开场白，归根到底，都要力求获取先声夺人的现场效应。也就是说，在演讲刚刚开始的时候，首先要以富有新意、情趣和力度的开头，吸引、感染和震动听众。

我常在领袖演说班上跟学员讲，如果开场三分钟你没有把听众的注意力吸引过来，接下来的演说就废了。如果一开始连这种吸引力也没有，那么之后就是花九牛二虎之力，也难以把听众的兴趣拉回来。

所以，第一段话十分重要。高尔基说："开头第一句是最困难的。它好像在音乐里给了全篇作品以音调，往往要费很长时间才能找到它。"

第一句讲什么？当然是永远猜不着的谜底，如果真有这种格式，只能害得你墨守成规，因而第一段也只能由演讲本身的内容、环境、听众的情绪等来决定。这完全取决于演讲者自己，或者是提问式的，或者是号召性的，或者引用名言警句，或者使用排比句。

下面为大家介绍几种常用的开头方式：

1. 问好式开头

这是一个适用范围比较广泛的开场方式，尤其对于上台较少的演讲者来说，可以作为一个"公式"套用到很多的场合。因为很多的演讲者一上台就会非常紧张，万事开头难，第一句话相对来说比较难开口，所以对于不太熟练的演讲者可以直接套用这个"公式"（见表5-2）。

表5-2　问好式开头

公式	说明
问好	除非一些特殊的情况，否则几乎所有的演讲者上台都要先向听众问好，这是一个基本的礼节，同时也作为一个缓解，打开和听众之间的话匣子
感谢	很多场合下，也需要一些礼节性的感谢；但除非是颁奖盛典，否则感谢不要太多，简洁明了地一带而过即可
我是谁	如果没有主持人的介绍，也可以把自己简单地介绍一下

根据笔者十余年教学的经验，以上方式可以缓解初学者的紧张情绪，因为对于站在舞台上的人而言，前面的几分钟是最紧张的，如果能够顺利地越过开场这个坎，并且大家反馈都很好，往往演讲者就容易进入状态，顺利开启后面的演讲。

2. 提问式开头

提问是演讲者常用的先声夺人的开篇方式。因为一句突如其来的问语，不仅可以激起听众的关注，产生强烈的吸引力，而且能够引发听众思考，产生巨大的启示力，经验表明，这种提问是集中听众心理意向、强化演讲现场感应的有效途径。例如，妇女运动的先驱蔡畅在一次演讲的时候，曾以这样的问语开篇：

今天讲一个问题，就是一个女人能干什么？

这个提问，以鲜明的针对性，一下就吸引了听众的注意力，并促使其在参与思考的过程中，产生了非听不可的感觉，这就是先声夺人的心理效应。

3. 赞美式开头

人们都愿意得到别人的欣赏和赞美，尤其希望得到来自领导人的称赞和表扬。因为这种赞扬，既是荣誉的奖赏，也是价值的体现，无疑会产生巨大的激励和鼓舞作用。

就演讲而言，倘若演讲者用真诚的赞语开头，往往能够迅速激发起听众强烈的荣誉感和自豪感，从而产生先声夺人的现场效应。例如，拿破仑《在蒙特诺战役中的演说》就是这样开始的：

士兵们！你们在 15 天内赢得了 6 次胜利，缴获了 21 面旗子和 55 门大炮，攻下了几座要塞，征服了皮埃蒙特最富饶的地方，你们捉住 15000 名俘虏，杀伤了 1 万多敌人。

作为元帅，拿破仑开讲时，首先运用确切的数字，表彰了士兵们获取的卓越战绩。作为听众，那些历经激战的士兵一下子就从元帅热情洋溢的赞扬中获取了继续进军的勇气和力量。这就是演讲者以赞语开头的独特作用。

4. 悬念式开头

有个人演说的时候是这样开头的：

在 140 年前，伦敦出版了一本被公认为不朽的小说杰作，很多人都称它为"全球最伟大的一本小说"。当小说出版之时，市民在街头巷尾与朋友见面，都要彼此问一声："你读过这本书吗？"答案几乎都是"是的，我已读过了。"

这本书出版的第一天，便销售了 1000 本，两周内销售了 15000 本。以后再出版了不知多少次，世界各国都有了译本。后来，银行家摩根以连城的价值，买到了这本书的手稿，现在这本书原稿陈列在纽约市的美术馆里。

这段话的确是成功的，为什么呢？因为它一开始就引起听众的注意，还使听众的兴趣逐步增强，在听众急不可耐的时候，演说者才点破谜底：这一部世界名著是什么呢？就是狄更斯19世纪40年代写的《圣诞欢歌》。

人总有好奇心，也许这称得上是天性。这一点演讲者务必要记住。对于一些超出自己想象之外的事物，都有特别强烈的求知欲。因此，针对这种心理，在谈话的开场白中设一些悬念，会格外吸引人。

5. 即兴式开头

2014年1月，我受邀去给青岛的一家企业做培训。为了给大家营造更好的学习氛围，主持人把会场的所有人分成了多个小组，并且小组还进行了团队建设，选出了队长并起了队名。其中一个小组队名叫作"一定赢"，于是我一上场就讲了一个笑话：

澡堂子进来一个彪形大汉，在屁股上文了身，全是苍蝇，密密麻麻看着很恶心。众人奇怪，搓澡师好奇地问："大哥啊！别人都文个龙啊、虎啊、关公什么的，你文这些东西干哈啊？"那位大哥语重心长地说："哎！难怪你干一辈子搓澡，没文化太可怕啊！吉祥物啊！一——腚——蝇，一——定——赢！懂不？"

因为有个团队的名称叫"一定赢"，所以这个笑话正好顺应当时情景，全场学员哄堂大笑，瞬间融入了接下来的培训。

有时，你可能提前准备了一段开场白，但是如果临时会场发生了一些意外的情况，那么你不妨大胆地根据彼时情景，即兴开场。这样，演说者的讲话与现场气氛紧密地联系在一起，就能引起听众强烈的共鸣。

6. 开门见山式开头

有些演讲者在开头的时候，言简意赅，单刀直入，会直截了当地说出演讲的主题，这种方式就是开门见山式的。这种开场白的方式适合比较庄重的演讲场合，需要演讲者具备高度的总结概括能力。

在清华大学社会科学学院 2014 级研究生迎新会上，清华大学当代国际关系研究院院长、世界和平论坛秘书长阎学通教授发表了讲话，他是这样开场的：

上周，在本科生的迎新会上，我谈了"来清华学什么"。因为本科新生是未成年人，所以，我觉得应帮助他们早点成熟起来。你们是硕士、博士研究生，已完成了本科教育，不再是孩子了，因此今天我想和大家讨论一下你们的身份要求你们学习什么的问题，即研究生应该跟本科生有什么不一样，博士研究生跟硕士研究生有什么不一样……

打开门映入眼帘的就是山，阎学通教授一开始就用高度凝练的语言把演讲的基本目的和主题告诉听众。这种开头干脆利落、中心突出、观点鲜明，符合听众的心理接受要求。

7. 故事式开头

听众一般都喜欢听故事，因此如果能够在开头的时候讲一个生动有趣的故事，也可以牢牢地抓住听众的注意力，使听众怀着好奇心继续听下去。

例如，《救救孩子》这篇演讲是这样开头的：

去年 5 月 24 日的某报纸披露了这样一个事实：一个四年级的小学生，每天要带由妈妈剥光了壳的鸡蛋到学校吃。有一次，妈妈一时大意，忘了给鸡蛋剥壳。他对着鸡蛋左瞅右看，不知如何下口，只好带回鸡蛋去问妈妈。妈妈吃惊地问他："怎么不把鸡蛋吃了。"他的回答很简单："没有缝，怎么吃呢？"

小学生不会剥鸡蛋的新闻报道，很自然地将听众引入自己的演讲主题：我们每一个人都应该把培养孩子独立生活的能力当一件大事来抓。

这种方式的开场白很能引起听众的兴趣，而且在语言操作上也比较容易，这适合那些初学演讲的朋友使用。

经验丰富的演讲者一般都会在开头讲一个与所讲内容有密切联系的故事，由此引出自己的演讲主题。这个故事要求完整，要有细节和主要人物，故事可以是身边发生的真实事件、历史典故、人物传奇等。

8. 告知好处式开头

听众一般都有利己主义思想，当他们发现你的演讲能够给他们带来好处的时候，就会产生想要听下去的迫切感。

青岛智汇方象软件是一家专注于云计算收银系统平台的研发和推广的 IT 公司，因为公司前期几乎是一家纯技术型的公司，几乎完全靠自己的技术实力在同行中胜出。

之前他们在做项目推广时的介绍是这样的：

各位老板，大家好！

智汇方象软件是应移动互联网需求，以移动支付、O2O 解决方案为方向成立的互联网公司，公司主要专注于云计算收银系统的平台和推广。

公司的惠管家可以做到使企业内部管理系统与 O2O 以及移动支付有机结合，在不同细分行业中对用户行为进行大变革，改变传统的收银支付场景，在切实解决商家诸多痛点的同时，利用线上线下平台体系，建立真正意义上的闭环商业生态圈，给商家提供一整套完整的一站式解决方案，同时也是一个全新自主的营销平台。

听完上面的介绍，如果你不是非常专业的行业内人士，你有没有发晕的感觉？有没有浓厚的兴趣想继续听下去？这是技术型公司容易出现的问题，他们对这些了如指掌，以为听众也可以轻松地听懂他们的专业术语。

我们来稍做调整一下：

各位老板，大家好！

有多少人希望自己的门店在未来一年内业绩有超越预期的成长，能够在今天激烈竞争的形势下突出重围？

有多少人希望自己的门店在接下来有源源不绝的新客户流入？并且借助移动互联网的工具，让你有更多的渠道让新客户持续上门？

有多少人希望用最简洁高效的方式让你的老客户可以持续重复到店消费，从而实现业绩的倍增？

有多少人希望可以随时看到自己门店的经营数据、客流数据，让你在打着高尔夫的同时，依然可以对自己门店的信息尽在掌握？

我们智汇方象的惠管家就是帮您来解决上面这些问题的。

如果换成这样的开场，会不会增加一些听众的注意力呢？如果你想改变听众的看法，说服别人，最好的方法就是：一开始就将好处告诉对方！唯有如此，你才能成功说服对方！

在演说的开始，管理者完全可以郑重其事地向听众讲明认真听这次演讲会给听众带来哪些好处，继而引起大家的兴趣，增强演说的实际效果。

（二）主体

演讲稿在开头后要迅速转入主体，这是演讲的正文和核心部分，也是演讲稿的高潮所在，能否写好，直接关系到演讲的质量和效果。在主体部分要注意多讲故事，少讲理论。讲理论会让大家昏昏欲睡，倒不如多讲些故事。

1. 每位演说天才都是故事大王

演说就是讲故事、创作动人的故事。无论何种类型的演讲，首要任务是吸引人。演讲要吸引人，方法很多，讲故事是最常用、最有效的方法。

在演讲中，讲理论、喊口号不如讲故事来得活泼有趣、引人入胜，不过，也不是谁都能够将一个故事讲好。很多人知道自己应该讲一个故事，但经常又感到没有故事好讲，或者在一个故事上苦苦思索，最终却发现不得要领，故事讲得不够精彩，听众听起来不解渴，看不见、摸不着，想象力不丰富，印象就不深刻。

美国一位叫吉·卢卡谢夫斯基的演讲学教授说："一张图片可能相当于一千个单词，但是一个好的故事却抵得上一万张图片。"举例子、讲故事，就有这么大的功效！

美国苹果公司创始人乔布斯就深知故事在演讲中的魔力，所以他于2005年在斯坦福大学演讲时只讲了3个故事，却给他"保持渴望，虚心若愚"的观点插上了翅膀，在全世界青年人的心中飞翔，给了他们改变自己的勇气和力量：

我很荣幸能在今天与你们一起参加一个世界上最优秀的大学的毕业典礼，因为我从来没有从大学毕业。说实话，今天是我离大学毕业最近的一次。今天，我想给你们讲我生活中的三个故事。

第一个故事是关于生活中过去的点点滴滴。

在过了6个月后，我便从Reed学院辍学了。但是，在我真正离开那里前，我又待了大约18个月。我为什么辍学呢？

这一切在我出生前就开始了。我的亲生母亲是一个年轻的未婚大学生，打算把我送给别人收养。她坚持认为，我应该被有大学学历的人收养。所以，一切本来都已经安排好了，我将会被一个律师和他的妻子收养。

但是，当我出生后，律师夫妇在最后一分钟决定他们真正想要的是一个女孩。我的养父母本来是在等候的名单上的，结果在半夜接到了一个电话："我们有一个意料之外的男婴，你们想要他吗？"他们回答说："当然。"

　　我的亲生母亲后来发现，我的养母从来没有从大学毕业，而我的养父高中都没有毕业。她拒绝在最终的领养文件上签字。几个月后，我的养父母向她保证——我将来会上大学。之后，她才同意了。

　　17 年后，我确实上大学了，但是却天真地选择了一个几乎和斯坦福一样昂贵的学院，工薪阶层的父母将所有积蓄都花在了我的学费上。6 个月后，我看不到这有任何价值，我不知道我的一生想要做什么，我不知道大学如何能帮我找到这一问题的答案，而且我在这里花费着我父母一生所有的积蓄。所以，我决定辍学，而且相信所有的这一切都会解决的。

　　在当时，这个决定是非常令人害怕的！但是，回过头来看，这是我做过的最好的决定之一。在我辍学的那一刻，我可以不再去上我不感兴趣的课程，而去上那些看起来有趣的课程。

　　但这并不浪漫！我没有宿舍，睡在了朋友房间的地板上。我回收可乐瓶，用得到的 5 美分买吃的。我会在每星期天晚上步行 7 英里穿过城市到 Hare Krishna 寺庙去好好吃一顿，我喜欢那里的饭。我凭着好奇心与直觉所遇到的一切，很大一部分在后来被证明是无比珍贵的。让我给你们举一个例子：

　　那时，Reed 学院提供了当时可能是全国最好的书法课程。在校园里，每一个海报、每一个抽屉上的标签都是优美的手写字。因为辍学，我不用再去上正常的课程，便决定上书法课，去学学如何写书法。我学会了 serif 和 sanserif 字体，学会了改变不同字母组合间的间隔，知道了是什么使字体变得优美。这一切都很美，有历史感，具有科学无法获得的艺术的精巧。我发现这一切都令人着迷。

　　对书法的学习在当时看起来没有任何机会在我的一生中得到实际的应用。但是，10 年后，当我们设计第一台 Macintosh 电脑时，这一切就又重现了。我们把字体的设计都放入了 Mac——第一个有着优美字体的电脑。如果我没有在学校学书法课程，Mac 就不可能有多种字体或者按适当比例间隔的字体。因为 Windows 只是照搬了 Mac，有可能没有任何个人电脑会有这样的字体。

如果我没有辍学，我就不会选那个书法课程，个人电脑就有可能没有今天这样优美的字体。当然，当我在大学时，把我当时的一点一滴串起来并不能预测到我后来的结果。但是，当10年后再回头看，这一切非常清楚。

当然，你不能把事情联系在一起而预测未来，你只能回过头来再把它们联系起来。所以，你一定要相信那些点点滴滴在将来一定会以某种形式联系起来。你一定要相信一些事情——你的直觉、命运、生命、因缘，无论是什么。这一方法从没有让我失望过，它对我的生活至关重要。

第二个故事是有关热爱与失去。

我很幸运，在生命中的最初阶段就找到了自己热爱做的事情。在我20岁的时候，Woz和我在我父母的车库里创建了苹果公司。我们非常努力。10年内，苹果从一个只有我们两个人的车库公司成长到资产20亿美金、有4000员工的公司。当时我刚刚满30岁，就在一年前，我们发布了我们最杰出的创造——Macintosh。然后，我被解雇了。你怎么能被你自己创立的公司解雇呢？哎，当苹果公司逐渐发展，我们雇了一个我认为非常有才华的人来和我一起运作公司。第一年，都还不错。但是，随后我们对未来的想法就开始有了分歧。最终，我们闹翻了。当我们闹翻的时候，董事会站在了他的一边。结果是，我在30岁的时候被踢出了公司，而且是以人尽皆知的方式被踢出。我成年以来整个生活的中心都没有了，这是毁灭性的。

有几个月的时间，我真的不知道做什么好。我觉得我辜负了把接力棒传递给我的上一代的创业者。我找到David Packard和Bob Noyce并向他们道歉，为我把事情搞得如此之糟而道歉。我是一个众所周知的失败者，我甚至想到从硅谷逃走。但是慢慢地我才开始意识到：我仍旧热爱我所做的事情。在苹果所发生的事情丝毫没有改变这一点。我被拒绝了，但是，我仍旧爱着。所以，我决定重新开始。

在那时我并没有认识到，但是实际上，被苹果解雇对我来说是最好的事情。成功所带来的沉重感被重新开始，被对一切都不确定的轻松感所代替。

这一切解放了我，让我进入了一生中最有创造性的一段时间。

之后的5年，我创办了一家叫NeXT的公司和另外一家叫Pixar的公司，还爱上了一个非常好的女人，后来她成为了我的妻子。Pixar创造了世界上第一部电脑动画电影——玩具总动员。现在，Pixar是世界上最成功的动画工作室。在经历了种种起伏后，苹果买下了NeXT。我重返了苹果。我们在NeXT发展的技术是苹果目前复兴的核心。

我相当确信，如果我没被苹果解雇，这一切都不会发生。这是一剂苦药，但是我想我这个病人需要它。有时候，生活像用板儿砖拍头一样打击你。别失去信心。我深信，当时唯一让我支持下去的原因就是我热爱我所做的一切。你一定要找到你所热爱的。这对你的事业是这样，对你的爱人也是如此。你的事业将会占据你生活的很大一部分，你真正得到满足的唯一途径就是去做你坚信是伟大的事业，而做伟大的事业的唯一途径就是热爱你所做的一切。如果你还没有找到，继续找，不要妥协。就像其他一切需要用心灵去感受的事物，当你找到的时候，你会知道的；就像任何美满的伴侣关系，随着时间的推移，事情会变得更美好。所以，继续找吧，直到你找到，不要妥协。

第三个故事是有关死亡的。

在我17岁的时候，我读到一段话，大概是"如果你按照生活的每一天都好像是你生命的最后一天那样活着，总有一天你会确信你的方向是对的"。这句话给我留下了深刻的印象。从那以后的33年里，我每天早晨都会对着镜子问自己："如果今天是我生命的最后一天，我还会去做我今天将要做的事情吗？"每当连续几天我的回答总是"不"时，我知道我需要做些改变。

记住很快我将离开人世，这是帮助我做重大决定的最重要的工具。因为几乎任何事情——所有外界的期望，所有的自尊，所有对失败或丢脸的恐惧——在死亡面前都会烟消云散，只剩下那些真正重要的东西。记住你会死去，这是我所知的避免陷入患得患失的陷阱的最好的方式。此刻你没有任何原因不去追随你的内心。

一年前我被诊断为癌症。早晨7点半我做了扫描，扫描清楚地显示在我的胰脏上有一个肿瘤。我都不知道胰脏是什么。医生们告诉我几乎可以肯定这类癌症是无法治愈的。我应该不会活过3~6个月。我的医生建议我回家把后事准备好，这也是医生对准备面对死亡的说法。也就是在几个月的时间里对你的孩子说所有的事情，那些你曾经认为你会有下一个10年的时间去说的一切。也就是说，确保一切安顿妥当，让你的家人尽可能地从容一些。这也就是你的告别。

我带着这一诊断结果生活了一整天。晚上，我做了活组织检测。他们把内窥镜插下我的喉咙，穿过我的胃，进入肠子，用一根针穿入我的胰脏，从肿瘤上提取一些细胞。我被麻醉了。但是我的妻子在现场，她告诉我，当他们在显微镜下看过之后，医生们喊叫起来。因为这原来是一种极为罕见的胰腺癌，可以通过手术治愈。我做了手术，现在我已经没事了。

这是我离死亡最近的一次。我希望这也是我今后几十年内最近的一次。经历过这一切，现在我可以更确信地对你说这一切，死亡是一个有用但抽象的概念。

没人希望死。即使是想进入天堂的人们也不想通过死亡进入那里。但是，死亡是我们共同的目的地，没有人能逃脱。因为死亡也许是生命中最好的发明，它是生命改变的媒介。它清理老的，给新的让出路。现在，你们就是新的。但是，不久，你们会慢慢变成老的，然后被清理掉。原谅我这种非常直白的说法，但是，这是事实。

你的时间是有限的。所以，不要浪费你自己的时间去过别人的生活；不要被教条所禁锢，被动接受别人思想的结果；不要让他人意见的噪音盖过你自己内心的声音。最重要的是，有勇气去追随你的内心与直觉。你的内心和直觉早已洞察了你真正想做的，其他的一切都不重要。

当我年轻的时候，有一本优秀的刊物叫 "The Whole Earth Catalog"，是我们那一代的圣经之一。一个叫 Stewart Branch 的人在离这不远的 Menlo Park 用他诗人般的灵感创造了这一刊物。当时是 20 世纪 60 年代末，还没有个人电脑和桌面出版系统。所以，这本刊物全部是用打字机、剪刀和宝利来相机做出来的。这好像是纸上的 Google，但在 Google 出现前 35 年：它是理想主义的，充满了简洁的工具与伟大的想法。

Stewart 和他的团队出版了几期 "The Whole Earth Catalog"。他们最终完成了自己的使命，出了最后一期刊物，时间是 20 世纪 70 年代中期。当时我正处在你们的年纪。在刊物封底，是一幅清晨乡间路的照片。如果你乐于冒险搭便车旅行，就会看到这一种景象。在照片下面有一句话"保持渴望，虚心若愚"。这是他们的告别语。我也一直这样勉励我自己。现在，当你们毕业，有了新的开始，我同样勉励你们。

保持渴望，虚心若愚。

多谢你们！

不论是苹果教父乔布斯，还是诺贝尔文学奖得主莫言，他们演说当中最重要的技巧就是善于将平凡的故事不平凡地讲出来。

要用故事来说服听众，那么这个故事首先要满足一个标准——完整，其次才能谈得上雕琢、完善。

2. 怎样在演说中创造故事

乔布斯每次的演讲都要想方设法地去创造故事，如 iMac 电脑的发布等。

1984 年的 iMac 电脑发布会，就像一场划时代的盛会。整场盛会以"要有光"的神圣时刻为高潮：天地分开，一束光射下来，天使歌唱，唱诗班合唱《哈利路亚》。

对此次产品发布盛会，乔布斯有两个希望：一是使苹果公司起死回生，二是再次颠覆个人计算机的形象。作为开场白，乔布斯首先对着第一排观众席上的三位嘉宾礼貌地"喊话"：

"我曾经和史蒂夫·沃兹尼亚克在父母家的车库里成立了苹果公司,现在,他就在这里。后来,迈克·马库拉加入了我们。不久之后,我们还迎来了我们的第一任总裁——迈克·斯科特。他们今天都来到了现场。如果没有他们三个人,今天我们谁也不会来到这里。"

掌声响了起来,他的眼眶湿润了。

在用幻灯片展示了苹果公司新的产品策略和新计算机的性能之后,乔布斯揭幕了他的新宝贝:"现在的计算机是这副样子的。"他说着,身后的大屏幕上出现了一套米色的、方方正正的计算机配件和显示器。"我要荣幸地向你们展示,从今天起,计算机会变成什么样。"他揭开舞台中央桌子上的遮布,灯光洒下,新的 iMac 闪现在大家面前,熠熠生辉。

雷鸣般的掌声再次响起,乔布斯站在那儿,自豪地看着他的新 iMac。"它看起来像是从外星来的。"他说,观众大笑。"显然是来自一个不错的星球,那儿的设计师更棒。"

乔布斯又一次推出了标志性的新产品,也是一个新纪元的开端。它履行了"非同凡想"的承诺。计算机不再是米色的方形主机和显示器、缠得一团糟的电线和厚厚的安装手册;在你面前的是一部友好的、生气蓬勃的装置。

1998 年 8 月,iMac 正式发售,售价 1299 美元,上市 6 个星期后就售出27.8 万台,到年底售出了 80 万台——成为苹果公司历史上销售速度最快的计算机。

讲故事是演讲艺术的一项重要技巧。用好这种技巧,可以使演讲者与听众之间形成时起时浮的和谐呼应、感情共振,增强演讲的感召力、鼓动性和艺术魅力。

在《畅达的写作艺术》一书里,鲁多夫·弗烈欧在某一章的开头这样写:"只有故事才能真正畅达可读。"无可否认,故事在当众说话中具有驾驭听众注意的力量,恰似为杂志写作一般。

为了创造故事，可以采用这样一些方法：

（1）利用"五何公式"。所谓"五何公式"，是指何时、何地、何人、何事、何故。知道了"五何公式"之后，就要开始讲故事了。假如你也依照这个公式来做，你的举例便会生气盎然、多姿多彩、充满细节。

讲故事，中间牵涉别人时，无论如何，应该使用他们的姓名为佳；或者，若想保护他们的身份，可以杜撰假名。正如鲁多夫·弗烈欧所指出的："没有什么能比名字更能增添故事的真实性了；掩名隐姓，最虚假不过。且试想故事里的主角没名没姓，会成什么样子。"

当然，细枝末节过多比没有细节要糟。人人都曾有让冗长、肤浅而不切题的细节搞得烦厌不堪的经验。所以，对于"五何"问题里的每一个，只要简短扼要地回答就行了，别太啰嗦。

（2）不断总结升华。有些事实材料蕴含深层意义，不经点破，听众也许无法理解演讲者所要表达的主旨，而一旦经过演讲者的揭示与深化提炼，就如同在沙砾中发掘出金子，发人深思。

如孙中山在一次演讲中讲到：

南洋爪哇有一个财产超过千万的华侨富翁。一次他外出访友，因未带夜间通行证怕被荷兰巡捕查获，只得花钱请一个日本妓女送自己回来。

日本妓女虽然很穷，但是她的祖国很强盛，所以她的地位高，行动也自由。这个中国人虽然很富，但他的祖国却不强盛，所以他的地位还不如日本的一个妓女。如果国家灭亡了，我们到处都要受气，不但自己受气，子子孙孙都要受气啊！

孙中山先生在这里对一个典型材料进行了由表及里的剖析，揭示出国家贫弱，人民就要遭受欺凌，升华了演讲的主题，唤起了听众的爱国之心。

（3）对故事进行润色七分真实，三分演绎，演讲中故事的讲述也需要润色加工。要提炼出和演讲主题有关的点，加以强化，给听众留下深刻的印象。

如果想通过演讲，让学员了解守时的重要性，就要找些相关的故事加以润色，或者将主人公的性格丰满一些，或者将故事编得曲折一些……只要是有益于主题的，都可以选择。

（三）结尾

演说结尾要干脆利落，简洁有力。

演讲稿的结尾是主体内容发展的必然结果。结尾或归纳、或升华、或希望、或号召，方式很多。好的结尾应收拢全篇、卒章显志、干脆利落、简洁有力，切忌画蛇添足、节外生枝。

演讲内容的自然结尾是演讲稿的有机组成部分。结尾给听众的印象，往往将代表整个演讲给听众的印象。言简意赅，余音绕梁，能够使听众精神振奋，并促使听众不断思考和回味。

写结尾时常犯的毛病就是要么草草收兵，要么画蛇添足，要么套用陈词滥调，更有些人在本来已经讲完后，又唠叨几句"我讲的不好，请大家批评指正"之类的话，势必让人反感。

演讲稿结尾没有固定的格式，可以是对演讲全文要点进行简明扼要的小结，也可以是号召性、激励性的口号，还可以是名人名言以及幽默的话。结尾的重要原则是：一定要给听众留下深刻的印象。

三、开始练习演讲

即将登台之前，最好提前预讲。

（一）大声练习两次以上

在演讲前最少排练两次，如果能吃透每个字的意思，那就更好了。虽然时间紧迫，但是有很多演讲，其失败的原因就是因为缺少应有的练习。

同时，最好你的练习中有一次是在那些会让你惊慌失措的观众面前进行——家人、好朋友、伙伴、同事、孩子。他们不仅会明确地指出你的错误，而且还会向你提供所需的帮助。

（二）训练控制时间

如果要做一个短时间的演讲，就要试着通过练习控制你的演讲时间，尤其像"5 分钟工作汇报"这样的事。你可以增加或删除内容来让时间变得合适，允许额外的时间用来提问。同时，也要注意紧张的问题，因为紧张会让你在演讲的时候语速更快。

在实际的演讲中可以带一个计时器或者摘下你的腕表放在讲台上，这样你就能更好地掌握时间了。

（三）给自己录像或录音

如果是重要的演讲，假如时间条件允许，还可以考虑一个方式，就是把练习演讲的过程录下来（录像或录音），看录像或听录音会给你最直接的反馈，能够使你找到自己演讲的节奏。而且在平常的练习中，也可以多多使用这种方式来提升自己的演讲水平。

（四）不要背诵讲稿

虽然要熟悉讲稿，但是切记不要背诵讲稿。丘吉尔是历史上有名的演说家，关于他有这样一个故事：

丘吉尔第一次上台演说时，将事先写好的演说稿背得滚瓜烂熟，可是一走上讲台，就忘了词儿，急得张口结舌，满头大汗。听众看着他的窘态，哄堂大笑，有些人甚至还给他喝倒彩，丘吉尔尴尬地走下台来。

这件事情之后，他不仅广泛阅读古今文学名著，将许多名篇熟记在心；

还努力学习演讲，每天都要对着镜子练习演说。几年之后，过去那个口才愚钝的"傻兵"，居然能够出口成章了。一走上讲台，便能滔滔不绝地连续演说数小时，旁征博引，妙语迭出，令听众大有"士别三日，刮目相看"之慨。

死记硬背讲稿，不仅背诵时容易出现"短路"，即使背诵出来了，这样的演讲也是僵硬死板的，会令人感到不舒服。因此，在练习演讲的时候，不要背诵演讲稿，只要了解了演说脉络，随意发挥即可。

第三节 会场的准备

环境能影响人的情绪和心态。因此，为了提高演讲的效果，就要提前做好会场的准备，具体来说，主要包括这样几项：

一、会场的形状、大小、容量，会场装修、地毯地砖等

会场尽量不要使用狭长的长方形的会场，避免台上人和台下人有着遥远的物理距离，而让台上人的气场感染力难以传递辐射过去，容易产生学员的游离，建议尽可能使用可以更靠近演讲者的会场。

会场的大小要根据此次会议的情况来确定，是需要宽松一点的，还是紧密围坐在一起的；是需要互动、需要学员时常起立的，还是最好坐下就不要再动的。

一般情况下，我们的演讲培训是非报告性的，而且还经常会有学员的练习穿插其中。所以，我们一般会选择人均使用面积在 1.5 ~ 2.5 平方米的

会场。

二、会场的相对独立性

最好选择一个相对独立、安静的环境和场地，以免产生互相的干扰。你一定不希望你在这边会场演讲，然后旁边传来安装空调电钻的轰鸣声吧。

三、音响效果

音响是整个会务的重中之重。音响质量的好坏，将直接决定此次演讲的效果。好的音响，让人讲起话来轻松流畅，并且乐于去讲话；而差的音响，让人讲起话来吃力，对嗓子消耗很大，会直接影响演讲者的心情，而且让人听起来不舒服，也干扰听众的吸收理解。所以，提前确保音响的质量是准备中的重点。

四、注意会场的灯光

灯光是影响演说成功与否的另一要素，正常情况下，如果照明亮度不够，会使人自然地进入昏昏欲睡的状态。所以，除非特殊情况的需要，否则，应尽可能让房间里光线充足。

讲台上的灯光也要明亮，让灯光照在你的脸上（只要不影响你的眼睛）。听众希望清楚地看到你，他们不希望只是看到一个黑影站在角落里，然后不时地发出一些声音，好像在听音频文件一样。而且你五官上产生的微妙变化，是自我表现的一部分，而且是最有感染力的一部分。有时候，这种表现更胜过你的言语。因此，在你站起来演讲之前，先选定一个能替你带来最有利的光线的地点。

甚至有些特殊的培训，如一些心理学课程，或者是潜能开发、魔鬼训练、情景模拟等诸多课程，可能对灯光有着更严格的标准，要求灯光做到分层次调节。

五、空气流通情况，空调效果

在演说过程中，充足的空气是极为重要的基本要素。不管是如何动人的演说，或是音乐厅中如何美妙的女高音，都无法使置身恶劣空气中的听众保持清醒。空气不流通，会使人头晕目沉。

六、桌椅摆放

讲话会场的座位安排要根据听众与讲话者之间预期的交流类型来确定，恰当的座位安排可以保证每位听众的听说效果，如扇形座位摆放。听众可以方便地在房间内从任意一个角度观看，容易与房间里的每个人交流，使听众积极参与讨论，共同分析问题，交流信息。

如果讲话目的是为了向听众传授知识，听众以听为主，那么，传统的教室似的座位安排就比较合适，这样可以让听众集中注意力，全神贯注地听讲。

如果讲话目的强调的是听众的互动讨论，或者团队的合作，那么，"岛"形座位摆放方式最有效。

如果讲话的目的是希望既有专人的演讲，又有分组的讨论，那么，马蹄形座位摆放方式最好。

七、会场舞台

舞台不要有干扰听众的东西，要有一个赏心悦目的背景。在演讲者的后面应该不能有任何吸引听众注意力的东西，在他的两边也不能有任何东西——这是心理学家经过很多实验后得出的结论。

第六章　演说的开始

在正式开始演讲之前，演讲者个人的形象是听众首先看到的，因此一定要注意个人形象的塑造；同时，还要通过自我介绍，让听众了解你、了解你要讲的主题。除此之外，更要在上台后的一分钟内就将听众的注意力吸引过来，如此才能调动起听众的欲望。

第一节　形象、气质、穿着

成功通常是无数细节累积的结果，演讲也是。一个演讲者之所以能够取得成功，其知识积累、会场布置、动作、表情、演讲词乃至着装等每一个环节都是无可挑剔的。但很遗憾的是，很多普通演讲者总是顾此失彼，尤其是其中一个重要的因素——着装——更容易被忽视：或者在严肃的场合穿着随意的衣服，或者在喜庆的场合穿着正统的衣服。

其实，在演讲中，着装也可以起到重要的作用，它会对人们的形象产生巨大的影响。在正式场合穿着休闲装的人看上去通常会缺少气势，不容易说服人。无数调查研究的结果发现：在一个公司里，领导注重形象和不重视形象两种情况下，员工工作效率的差距竟然有 10% 之多。

事实证明，得体大方的着装会使人的外表看起来积极向上、有成功之感，这样的人不仅自己有一种积极的心理体验，能获得更多的自信心和自尊心，也很容易让其他人对他们产生信心和好感。

例如，现实生活中，我们在形容一个成功人士的时候经常会说"西装革履"、"神采奕奕"，而很少说他"邋里邋遢"、"衣衫不整"。同样，对于演讲者来说，演讲时他们衣着整齐，就会自信十足。

对于听众来说，当看到站在讲台上的那个人拖拖沓沓地穿着一条打着补丁的仿旧牛仔裤，白色短袖衬衫口袋里露着钢笔，黑色的西服上面蹭着一片灰尘或肩膀上蒙着一层雪花一样的头皮屑时，他们就会认为这样的人不负责任、不值得尊重；而当看到对方衣着讲究，他们就会认为这样的人有力量、有权威、值得信赖、让人感觉舒服。这就是着装的魅力，看似小事，却极大地影响着我们的成败，影响着他人对我们的印象。所以，在走上讲台之前，你一定要检查一下自己的着装。

首先，要根据演讲的主题和听众的情况选择合适的服装。

如参加葬礼的时候你的着装就要庄严肃穆，而不要穿诸如一身大红的裙子等不合时宜的衣服；如果是参加酒会，你的着装就要大方、优雅，而不是穿着球鞋、运动服。一句话，一定不要一味追求万众瞩目、不拘一格而让自己过于不协调，影响听众的观感，弄不好这种做法会让你颜面扫地。

其次，在服装的颜色方面，要多加注意。

不同的颜色能引起人们不同的联想，产生不同的心理感受。演讲者要考虑到演讲的内容、演讲的环境、演讲的时间等诸多因素来进行衣着、饰物方面的颜色搭配。

不同颜色代表不同的含义：白色是纯真、洁净的象征，也给人以恐怖、神圣的感觉；黑色是严肃、悲哀的象征，也给人文雅、庄重的感觉；紫色是高贵、威严的象征，也给人神秘、轻佻的感觉；绿色是青春、生命的象征，也给人恬静、新鲜的感觉；红色是热情、喜庆的象征，也给人焦躁、危险的感觉；蓝色是智慧、宁静的象征，也给人寒冷、冷淡的感觉。

服装的颜色不能太单调，要注意进行颜色搭配。一般来说，整套服装最好不超过三种颜色，并按不同比例搭配。演讲者服装配色要考虑到演讲场地的灯光颜色，因为在一般灯光下，所有的颜色都会略发黄色，使原色加深。所以，如果演讲是在晚间进行，选择服装颜色最好要考虑灯光。

再次，演讲者的服饰款式与颜色一定要与广大听众相协调。

如果服装过于随便，一是对听众不尊重、不礼貌；二是听众可能会对演讲者产生不好的感觉。

2015 年 4 月底，云南培联张晨会长来青岛授课。我邀请他在课程结束后给我们青岛培联的同行做个分享。我到张老师的酒店接他到会场，一见面，只见张老师身穿礼服，佩戴领结，一副要盛装出席隆重典礼的模样。

我说："哎呀，张会长，咱们又不是正式的培训，就是简单做个沙龙分享，您也太正式了。"张会长说："不行，那得对大家保持足够的尊重。"

沙龙分享结束，果然，大家被张老师的认真、敬业、严谨所打动。

此外，服装还要与身份协调。演讲者的衣着应该典雅美观、整洁合身、庄重大方、色彩协调，要与自己的性别、年龄、职业等相协调，充分体现出自己的特点与神韵。

最后，注意鞋子的选择。

选择鞋子不应该仅追求式样的摩登新潮，还要适合自己的脚形和体形，另外要考虑到整体的协调和演讲内容的限制。如脚形大的演讲者不宜穿白色的鞋子，因为白色有一种膨胀感，灯光一照更是显眼；身材矮小的女性不宜穿很高的高跟鞋等。

演讲时以穿皮鞋为最常见，无论是男士穿西装、夹克，还是女士穿裙子，都可以穿皮鞋。演讲者穿皮鞋上场显得端庄、高雅、大方。皮鞋要注意与衣着颜色相配，要保证皮鞋的整洁。除了有些特制的皮鞋外，最好不要穿钉有铁掌的皮鞋，以免上场时有刺激声而影响听众的情绪。女士选用皮鞋跟不要太高，因为太高不利于运气发声。

另外，选用鞋子时还要注意袜子的搭配。穿裙子宜穿长筒袜和连裤袜，裤袜的色泽一般选用与肤色相近的颜色或深色。

总的来说，在演讲中，灵魂部分是你的思想、情感，演讲中的着装等外在的东西都是为这个灵魂服务的，要让听众看到你就想："这个人看上去很干练、专业，听他的一定没错。"

第二节　突破上台，破冰开场

一、穿越开场一分钟

很多人刚上台的时候尤其紧张，但绝大部分演讲者也都是在第一分钟就抓住了听众的。开场的前一分钟很重要，在这一分钟里要用你慷慨激昂的声音和活泼丰富的内容吸引观众，否则观众就会失去兴趣，听不懂你在说些什么，你就会变成自言自语。

美国宝洁公司中国区有一位经理，个子不高，其貌不扬。他的讲话总抓不住听众，无法引起听众的注意，因为他说话总是平铺直叙。

后来，他参加了一次相关的演讲培训，发现了自己的问题，等他再次演讲时就换了一种开场白，他说："我从南京大学毕业之后就加入了宝洁，从一名基层业务员开始做起，做到了主管、经理、高级经理，现在年薪百万元。

如："你们看着我们人少，没有力量？告诉你们，我们的力量大得很，强得很！""希特勒、墨索里尼，不都在人民之前倒下去了吗？"运用反诘句，加强了肯定的语气，使感情表达更强烈、更震撼人心。

闻一多先生在结束语中，把主题升华到另一个高度："我们不怕死，我们有牺牲的精神，我们随时像李先生一样，前脚跨出大门，后脚就不准备再跨进大门！"以发出号令的形式向敌人发出一战到底的挑战，也在向世人宣告，不仅他闻一多，还有千千万万的中国人将会站立起来，与反动派决一雌雄，同时表达了广大人民抗战到底的决心和信心。

综观全场演讲，可谓感情强烈。这是一次非常成功的演讲，是一篇激励的战斗檄文，是一个换起人民觉醒的施号令，同时也是爱国民主人士的战斗宣言！

可以说，在一场演讲中，最精彩夺目、最能说服听众的并不是你的长相、智慧、学识、学历、身份、地位这些外在的东西，也不是你的演讲技巧，最能打动影响听众的是你的内在的精神、情绪、感情。大凡能够取得成功的演讲也必定是倾注热情的、和听众的情感水乳交融的结果。也许在这样的过程中，演讲者也会犯一些错误，也会做出一些不恰当的动作，甚至他们也可能不幽默、不能言善辩，但他们一定是最投入、最热情的演讲者，这份如火一样的热情也足以感动听众，让他们陷入演讲中而不能自拔。

三、上台大忌

有的演讲者一上台就向听众道歉，用自己不会讲话之类的词自谦一番。这实在是一种要不得的陋习，甚至会招致听众的反感。

与其上台就向听众道歉，还不如以幽默开场更能快速得到听众的认同。

一位演说者这样说："今天本来没有什么准备，实在是没有什么说的。"对此，叶圣陶说："谁都明白，这其实是谦虚。可是，演说者未免少了一点思考，你说不曾准备，没有什么说的，那么为什么要上讲台耗费听众大量时间呢？如果没有什么可以说，台上那些长篇大论（或三言两语），算不算'没有说的'呢？抑或是逢场作戏？如说得尖锐一些，一些连自己也信不过的话，却说来给人听，又算什么品德呢？"

其实，演说者那种"自谦"并非一定出自本心，仅是为了表示客套，难怪有人不喜欢听这样的开头。如果你真的没有准备，听众绝不会因为你事先这样说便原谅你了。听众花费这么多时间来听你的演讲，是希望得到一点教育和启发，如果没有准备，宁愿不要开口！

第三节 自我介绍

经过一番准备后，就可以登台演讲了。

自我介绍虽然在演讲中所占时间很短，但是却发挥着重大的作用，一个精彩的自我介绍可以迅速给听众留下美好的印象，可以很容易地架起和听众交流的桥梁。精彩的自我介绍需要充满自信，需要语言简单精练，需要有幽默感，需要口齿清楚、语速语调适中。

演讲者在演讲时不仅要使自己的观点进入人们的头脑中，并得到认同，还要让听众能够记住自己，给人留下美好的印象。那么如何才能使自己被大家牢牢记住并有一个好的印象呢？那就是精彩的自我介绍。

自我介绍在整个演讲内容中所占有的比例非常少，只有简短的几句话，时间也非常短。那么怎样在这么短的时间内，把自己呈现给大家呢？

一、呈现给大家一个充满自信的自己

自信心如同鸟儿的翅膀，有了强壮的翅膀才能飞得更高更远。任何时候自信都是成功者必备的要素之一，一场演讲比赛首先也是自信心的较量。一个自信心强的人更会让大家觉得有血有肉。

二、自我介绍语言要简单精练

许多人自我介绍像是在报户口、在做简历、在填履历表。例如："我叫……，……出生，曾担任……，爱好……。"这样的介绍着实乏味，更是难以给人留下什么印象，当你把最后一句说完时，估计大家已经把前面的忘得差不多了。

精练的自我介绍要用精彩的语言展现闪光多彩的自己。例如："我叫刘海燕，一个从小在海边长大的姑娘，我喜欢大海，更喜欢不怕暴风雨勇敢搏击的海燕，我要永远为自己的理想翱翔在大海上空。"

三、自我介绍要有幽默感

心理学家凯瑟林告诉我们："如果你能使一个人对你有好感，那么，也就可能使你周围的每一个人，甚至是全世界的人，都对你有好感。只要你不是到处和人握手，而是以你的友善、机智、风趣去传播你的信息，那么空间距离就会消失。"

幽默能一下拉近两个人之间的感情距离。例如，有这样一个自我介绍：

每个女人都是为爱而折翼的天使，她们来到人间，就再也回不去天堂了，所以需要男人好好珍惜。我也是天使，不过降落的时候不小心脸先着地了，回不去天堂是因为体重的原因。还好，我还有一颗天使的心，善良、仁爱。

人们在捧腹大笑中便不知不觉地把演讲者记在了心中。

四、自我介绍要口齿清楚

如果说得含混不清，再精彩的语言也起不到半点作用。

五、自我介绍时要掌握好语速、语调

有人在自我介绍时，像是在抢时间，嘴里像机关枪一样很快地就说完了，这样的自我介绍不仅不能使听众消化，更容易给人一种不自信、紧张的感觉。还有人语调平淡，像是念课文，这样也不可取。

总而言之，演讲中的自我介绍不可小觑，在演讲前要充分准备，语言要精练，更要精彩。以上的自我介绍只是传统、基本的自我介绍。如果是推销型的自我介绍，要想介绍完就有人要找你换名片，找你合作，找你合影，难度很高，需要训练指导才能做到。我们会在后面的章节中再给大家介绍。

第三部分　魅力四射的演说

2014 年 12 月 7 日，贵州大学校长郑强在题为《教育公平与教育创新》的演讲中表示，中国教育的本质和教育功能的真谛不是教人混口饭吃，而是民族真正精神情感的树立。他说：

今年，在贵州大学的开学典礼上，为了鼓励孩子们，我说："考进名校，把吃奶的劲儿用足了的孩子们没戏。考进贵州大学这样的学校，现在开始用劲儿吃奶，有望成才。"这是什么意思呢？简单地说，今年日本又得了三个诺贝尔奖，日本科学的成就是靠学前教育吗？这里有很多学前教育的专家，我没有一点伤害你们的这种心情。科学的成就是靠强化英语教育吗？是靠大学"3 + 1"吗？是靠改革的课本吗？这些都太值得思考了。所以我认为：中国教育不是学得太晚，而是学得太早；中国教育不是学得太少，而是学得太多；中国教育不是学得太浅，而是学得太深。中国的孩子不是输在起跑线上，而是被累倒在起跑线上！

郑校长的这段演讲，有魅力、有实效，引发了当事人的思考，使他们产生了共鸣！如果想达到这个效果、鲜活你的演讲，就要让演讲触发人的思考，引发大家的行动，从而达到学以致用的目的。

第七章 "演"到极致

任何一个听众都不喜欢风格死板的演讲者，因此如果想调动听众的积极性，就要学会"演"！在讲台上，你既是一个信息的传播者，也是一个独具个性的表演者。要让听众在你的一颦一笑中受到感染，要让听众在你的举手投足中获得信服，首先就要学会"演"！

演说演说，先演后说，为什么别人会说得好，是因为他演得超级棒！

虽然乔·吉拉德已近耄耋之年，但是每场演讲他都激情洋溢、活力四射，充分运用肢体和语言的艺术调动现场氛围。

在一场演讲的开始部分，乔·吉拉德为了突出"爱"的主题，他是这么调动气氛的："大家看这边，'I like you'，你们想做的是什么？这是当我在做销售的时候最喜欢用的一个标志。跟你旁边的伙伴说'I Like you，我喜欢你'。"听众按照他的要求做完之后，他大声地问道："感觉好不好？""好！"现场观众齐声回答，气氛瞬间热烈起来。

在谈到自己是怎样让更多人认识时，吉拉德问听众："有没有我的名片？"很多听众说："没有！"这时候，吉拉德让工作人员拿出一大把自己的名片，大声说道："那我现在就给你们！"他一边说一边让工作人员把名片撒向观众席，结果现场一阵哄抢。他接着说："当年，我几乎逢人便发名片，并在很多公共场合撒名片，因此许多人认识了我。"

当吉拉德讲到自己一步步成功的历程时，台上突然出现了一架三角梯。

83 岁的吉拉德在没有任何人搀扶的情况下，一步步地爬上了梯子。然后，站在梯子的高处大声宣布："我要蹬上我的巅峰，没有人可以阻止我！"

激情的演讲、生动的表演，即使与他的八十高龄显得那么格格不入，却使听众在那一瞬间忘记了年龄的差距。演讲也随着吉拉德的蹬梯而进入高潮。

吉拉德演讲时的激情四射深深地感染着听众，他们用对自己事业的自信与热情走向了成功。只有演讲者自己充满热情，才能感染听众。

第八章　让听众身临其境

演讲的过程，就是感染听众的过程，就是和听众互动的过程，就是让听众信服的过程。要想引起听众的兴趣，就要巧妙运用各种手段，将听众带入演讲的场景中，让他们产生身临其境的感觉。唯有如此，演讲才是成功的。离开了听众，忽视了听众的感受，演讲还有何意义？

第一节　"五觉"的运用

什么是"五觉"？"五觉"就是我们所说的视觉、听觉、嗅觉、味觉、触觉。

打开"五觉"就是说，在描述一些事情的时候，要通过五觉的塑造，对接人们的五种感官，让听众进入自己所描绘的情境里面，立体地感受当时的情境。

为何我们在听很多艺术家的评书时听得津津有味、不能终止？而且还发现，后来这些小说拍成电视剧居然找不到听评书的感觉。就是因为评书艺术家给你塑造了极好的画面，让你仿佛身临其境一般。可是，要做到让听众身临其境，就必须了解听众接受信息的这五种渠道。一般来说，人们接受所有的外部信息，都是通过下面的"五觉"来完成的；

一、视觉

什么是视觉？在李白的《蜀道难》中有这样一段话："连峰去天不盈尺，枯松倒挂倚绝壁。飞湍瀑流争喧豗，砯崖转石万壑雷。"意思是说，山势连绵无边无际，山壁陡峭连植物都无法生长，到处都是奔流的瀑布和沉重的石头。李白采用的就是视觉描写，主要是想强调蜀道难走的状况。

其实，在演讲的过程中，我们也可以参考李白的这种方法给听众留下深刻的印象。这里有一位护士的演讲稿，其中就是使用了这种方法，我们来看看她是如何将视觉描写运用到演说中的：

记得我们病区曾经收治过一位78岁右股骨颈骨折的老奶奶，医院对她的要求是：绝对卧床、进食不多和减少运动。结果接连三天都没有解大便，虽然口服了通便药和开塞露处理塞肛，但依然没有效果。病人情绪异常烦躁，家属焦虑万分。

我和护士长晚查房时发现了这一情况，护士长根据多年的临床护理经验，发现病人是大便干结以致排便不畅。她二话没说，立刻戴上手套，用手一点一点地为病人抠出了干结的大便。

面对老人及家属的感谢，她挥挥手说没什么……

这个演讲中，为了证明护士长对病人的照顾，演讲者将自己亲眼看到的一件事讲述了出来。"她二话没说，立刻戴上手套，用手一点一点地为病人抠出了干结的大便"，给人以身临其境感，给人以视觉上的感受！护士长的敬业精神淋漓尽致地得到了体现。

二、听觉

白居易有一首著名的《琵琶行》，其中有这样几句话："大弦嘈嘈如急雨，小弦切切如私语；嘈嘈切切错杂弹，大珠小珠落玉盘。"意思是说，大弦浑宏悠长嘈嘈如暴风骤雨，小弦和缓幽细切切如有人私语；嘈嘈声切切声互为交错地弹奏，就像大珠小珠一串串掉落玉盘。这就是所谓的听觉描写。通过这样的描写，琵琶声的描写就更鲜活了。

同理，在演讲中，如果能够将这样的听觉描写融入其中，也会给听众不一样的感受。有一位学生曾经发表过一篇《爸爸，你错了》的演讲，里面就使用了这种方法：

爸爸，家长在教育态度上要坚持尊重、信任、理解三条原则。其中，尊重是最基本的原则，不管怎样，被尊重是我们与生俱来而不可剥夺的权利。不管成绩好坏，你们都应该给我们尊重、信任、理解。只有这样的爱才有力量，才能使我们的心得到舒展，才能使我们得到努力上进的动力、信心和勇气。

可是，爸爸，你从不信任我！有一年高考结束后，我在一张报纸上看到了各名牌大学的录取分数线，便信心十足地对你说："我要努力考上一所名牌大学，妈妈说，只要我努力，最低也是南开！"可是，你的回答却让人出乎意料："对于你，总分能达到400分，我就谢天谢地了。上名牌大学，最低也要580分，你行吗？"

我知道你这样说，是想用激将法把我考上大学的决心给激出来，但是，你错了！这句话只让我丧失了上大学的信心！

在这段演讲中，为了有力地说明主题，学生列举了一件发生在自己和爸爸之间的事。当他满怀信心地将自己心中的理想告诉爸爸时，没想到爸爸却给他泼冷水："对于你，总分能达到 400 分，我就谢天谢地了。上名牌大学，最低也要 580 分，你行吗？"这样的话语可以刺穿一个孩子的耳膜，非但无法激发出学习的动力，更会让孩子丧失掉信心。因此，有力地契合了演说的主题——爸爸，你错了。

三、触觉

什么是触觉摹写？例如，"在寒风中牵着妈妈的手，我们走在冰冷的夜里，可手心却透着温暖"，这就是触觉摹写。再如，"风轻悄悄的，草绵软软的"，也是一种触觉摹写。

关于触觉摹写，很多演讲者已经体会到了它的妙处，为了给听众留下深刻的印象，为了让听众有更深的感悟，他们经常会采用这种方法。这里就有段关于"创业"的演说：

创业的艰辛可想而知，生活的困惑难以忍受。在烈日炎炎的夏天，铁皮房里高达 38～39 摄氏度。由于不方便上厕所，我便让自己尽量少喝水或不喝水，一天下来经常都是口干舌燥，实在难以忍受。

寒冷的冬天，铁皮房里不保温，尤其是刮西北风的时候，手和脚冻得都伸不出来；下班后，腿僵得连车子都骑不上去，只好推着往家走。一次好不容易骑上去了，到了家门口腿僵得又下不来了，只好骑到一根电线杆跟前，一把抱住才下来……可是，为了生存，我挺过来了。

在这段演说词中，为了说明创业环境的艰难，进行了大量的触觉描写：一天下来经常都是口干舌燥，实在难以忍受；刮西北风的时候，手和脚冻得都伸不出来……这些触觉描写给人以真实的感觉，更容易令听众体会到创业的艰辛。

四、嗅觉

所谓嗅觉摹写，就是告诉听众你闻到了什么味道，如"风里带来些新翻泥土的气息，混着青草味，还有各种花的香，都在微微润湿的空气里酝酿。花里带着甜味，闭上眼，树上仿佛已经满是桃儿、杏儿、梨儿"，就是嗅觉摹写。为了让听众能够更加身临其境，完全可以将这种方法融入演讲中。

有这样一段关于消防战线的演讲：

哪里有险情，哪里就有我们苦战的身影；哪里有需要，哪里就有我们固若金汤的守卫。只要人民需要我们，哪怕在死神面前我们也不后退一步。

有一次，在抢救下水道群众的任务中，出现了高浓度的有毒气体，我的战友义无反顾地冲进了生命的禁区。当他看到在死亡线上濒临挣扎的群众时，毅然决然地将呼吸器给了他们。他为别人带来了生的希望，却将死亡的阴霾留给了自己，那一年他才19岁。

这段演讲，歌颂了消防战士的英勇。为了让听众身临其境地感受消防战士的舍身精神，演讲者列举了一位牺牲的战友的事例。年仅19岁的小战士，当他闻出毒气的味道时，立刻就戴上了防毒面具；可是，当他发现群众处于毒气的包围中时，毅然决然地将面具送给了他人。这里，用一个"高浓度的毒气"衬托了当时环境的恶劣，展现了消防战士的伟大人格！

五、味觉

所谓味觉摹写，就是将你尝到的味道说出来。演说中，如果是说自己的故事，最好直接把感受说出来，这样更容易让人直接感受到味道。

有一位小学生曾经发表过题为"我做合格小公民"的演讲，其中就使用了这种方法：

在过去，我在家里，奶奶疼我，爷爷哄我，爸爸与妈妈宠我，所以做什么事情都用不着我。前段时间，学校组织全校同学开展"五小"活动——"我做合格小公民"。开展这个活动以后，我不再是以前的"小公主"了，学会了在家做一位"小主人。"

星期五晚上回到家，本以为可以与爸爸妈妈过一个快乐的星期五。谁知道，门口却贴着一张使我忧愁的纸条："小婉，爸爸今天要加班，明天回来。妈妈去了你姥姥家，很晚回家，自己做饭或买方便面吃。"

看到这里，我毫不犹豫地拿起钱，可是想到学校开展的活动，我便坚决地放下了手中的钱，跑到了厨房……我自己做好后一尝，又甜、又酸、又苦、又辣，人家煮的菜都是色香味俱全，我的可是甜酸苦辣俱全。

晚上，妈妈回来后，品尝了我的饭菜，直夸我做得好。我对妈妈说："我再也不是家里的小公主了，我要真真正正地长大！"

在这篇演讲中，演讲者讲述了自己为了做一个合格的小公民而做出的努力。当发现爸爸妈妈都不在家的时候，小婉决定自己做饭。结果，做出的饭"又甜、又酸、又苦、又辣"，简单的八个字就将自己第一次做饭的成果展现了出来，相信听众听了之后一定会对她的演说留下深刻的印象。

第二节 三个神奇的数字

在演说中，有三个数字需要注意，他们就是：7、38、55。也就是说，在信息的传递中，包含了 7% 的"语言"、38% 的"声音"、55% 的"非语言"。这就是著名的"7、38、55"法则。这一法则是由西方学者雅伯特·马哈蓝比（Albert Mehrabian）教授提出来的，他认为，在整体表现上，他人对一个人的观感，7% 取决于真正的谈话内容；38% 取决于辅助表达这些话的方法，即口气、手势等；55% 取决于这个人看起来够不够分量、有无说服力，也就是他的"外表"。

研究发现，一场有说服力的、打动人心的、精彩的演说，其影响力主要来自文字、有声语言和肢体语言。其中，7% 的影响力来自文字内容；38% 取决于演说者的有声语言，即语音语调的抑扬顿挫；55% 取决于演说者的肢体语言是否开放到位、得体优美。

这是一个让人震惊的结论！这也确实是优秀的演说者都应该了解和掌握的。现在，我们就针对"7、38、55"这三个数字做一个简要的介绍。

一、7——你的内容、文字

7% 指的是真正的演说内容。要想让自己的演说取得成功，首先就要言之有物，就要明确演说的内容。例如，如果想在茶话会或联谊会上进行一次娱乐性演讲，就要多一些幽默，也可以讲一些真实的消息，让人们轻松下来；如果想进行一次鼓动性演讲，要说一些激励性的内容，让人们行动起来。

演讲内容的确定，是成功演讲的首要条件！即使你的演说稿写得再好、文字再流畅，如果听众不理解，或者没有传递到听众，也是没有意义的。因此，一定要用具体的演说内容将听众的注意力吸引过来！

二、38——你的语音语调

38% 的"声音"指的是说话的语调、声音的抑扬顿挫、听起来是否值得信赖、声音是否丰富有趣等。声音远比语言所具有的感情色彩要丰富、鲜明、生动、深刻。古语所谓"言之不足故嗟叹之",就说明了这一点。刘邦的军师张良是颇懂得声音能感染人的,他用那没有语意的月夜歌声,勾起了楚军将士的思乡之情,从而使楚军军心涣散,无力再战。

那么,这种声音的魅力何在呢?它怎么会引起听众情感强烈的共鸣呢?其原因就在于:一方面,富有韵律和音调的声音,本身就体现着丰富情感,而另一方面,听众的情感也是丰富的。当演讲者把承载着自己情感的声音石子投入到听众情感的湖面时,必定产生反应,激起波澜。

2014 年 6 月下旬,我在北京完成三星公司的培训后,乘坐晚上的航班去青岛。登机后,我坐在飞机紧急出口的内侧坐位,乘务员跟我交流了几句注意事项后离开了。

这时候,坐在最外侧坐位的乘客一直看我,我向他点头微笑了一下。然后他就开始问我:"请问您有没有去过胶州啊?"我点点头说:"去过啊。"

他说:"您有没有在胶州开会或讲过课?"我说:"有啊。我曾在胶州的政府会议室给一群企业家朋友上过课。"

他说:"哎呀,老师,我是您学生啊,我当时坐在会场后面,人太多,根本就看不到老师长啥样,您刚才一说话,我听您声音蛮有磁性,太熟悉了,我当时没看到您,可是您的声音我可是深深地记下了。"

三、55——你的肢体语言

55% 的"非语言"指的是手势、表情、外表、装扮、肢体语言和仪态,尤其是脸部表情。好故事需要表演出来!演讲作为一门艺术,其成功的最大因素是有声语言和非有声语言(即肢体语言)的交融体现,即除了吐字清楚、声情并茂外,还要举止大方、态势潇洒。

看相声表演的时候,我们很少看到表演者像柱子一样站在那里,单凭一张嘴巴来说故事的。他们总是手舞足蹈、眉飞色舞,整个人都是表演中的一部分，每个部位都扮演了一个角色。表演一个人的吃惊情绪的时候，他们会瞪起眼睛、挑起眉毛、张开嘴巴、深吸一口气，整个人都像是向上拔起了一节一样，每一块肌肉都在告诉人们：这个人非常吃惊。表演一个人见到了一块金元宝，他们会满脸笑容、眼睛眯起、嘴角挑起、双手做颤抖状，喜悦之情溢于言表。对于演讲者来说，很多时候也是一个表演者，既然如此，为什么不能像一个表演者那样调动起我们的肢体语言和表情，让每一个感官都参与到故事的讲述中去呢？

演讲者一定要调动身体的各个部位，如用眼神、表情、站姿、手势来表达情感。你要记住，没有动作就称不上表演，同样，没有动作就称不上演讲。当你开始讲故事的时候，你的眉毛、眼睛、鼻子、嘴巴、下巴、四肢乃至身上的每一块肌肉都要动起来，使你的一切都处于动态中，这将会让你所讲的故事活起来、立起来，充满生命力。

身体语言可算得上是世界上最大的间谍，它不会撒谎，无法隐藏，常常在你不经意间将你内心的秘密泄露给听众，虽然这种感觉很微妙，却会影响听众的潜意识，使之对你产生不同的印象。例如，开放的姿态如双手摊开、全身暴露在人们面前会让听众感觉你友好、和善、真诚、坦率，而封闭的姿态如双臂抱胸、双腿交叉等姿态却会让听众认为你虚伪、紧张、不安，好像随时都准备撤退、防御、攻击等。

不过，从演讲的目的上来说，不管是什么性质、什么主题、什么场合的演讲，其共同的目的都只有一个，那就是赢得听众的认可、支持和配合，一切有利于实现这个目的的方法都可以拿来为我所用，开放的姿态就是其中之一。

（一）走出讲桌直面听众

在所有的演讲辅助物中，讲桌是最能给演讲者安全感的东西。在演讲中，为了掩饰自己的紧张情绪或者只是因为惯性，很多人总会自觉不自觉地想找一种依托或遮蔽物把自己藏起来，以为这样自己就万无一失了，即使自己紧张到腿发抖或忍不住搓手心也不会被听众看到。

其实，事情通常是有两面的，首先，当我们觉得自己万无一失的时候，通常也是错漏百出的时候。同样，当觉得自己非常安全的时候，你的紧张、不安、不自信也会通过你躲在讲桌后面这个动作而显露无遗。要获得听众对你的信任，首先就要自信。在演讲中，听众对你的信心是来自你的自信，如果你对自己都没有信心，听众就会怀疑你的权威性和专业性。

更重要的是，从身体语言表现力的角度来说，站在讲桌后面，演讲者的双手就会不自觉地前伸，紧紧地抓住讲桌两侧。这样的动作和双手就像是提着一把大刀随时准备进攻或防御，就像是一道防火墙，会毫不留情地将听众阻拦在外面。

如果双手用力撑着桌面，身体的重量一大部分就会压在双手身上，而这往往是一个人疲惫至极的时候才会做出的动作。所以，在听众看来，做出躲在讲桌后双手用力撑这个动作，不外乎两种可能：第一，你不希望他们配合你；第二，你很累。显而易见，不管听众产生了哪种印象，对你来说都不是什么好事。

如果能够放弃讲桌这个屏障，走出来，正面听众，就会将双手放到身侧或身后的位置，将胸部展示给听众。在所有的身体语言中，这几乎是一个最为开放的动作。胸部是一个相当重要的部位，但同时胸部的防守能力又很弱，将这个部位展示给听众就意味着你已经将自己袒露给对方，听众就会知道，你是真诚的、坦率的，你愿意和大家进行无阻碍的交流。听众就会立刻接收到你的信息，并感受到你对他们的信任，继而给予你积极的回馈。

（二）避免封闭性的身体语言

一般情况下，封闭性的语言都是和拒绝、防守、抵御、紧张、不安等负面情绪联系在一起的。如果你喜欢使用封闭式的身体语言，人们就会知道你有点紧张或者不欢迎他们。相反，如果能够采取开放式身体语言，你的热情、真诚等积极的情绪就会无法抑制地显露出来，使你看起来充满了亲和力和信赖感，从而吸引人们来关注你。

身体语言会让你看起来有亲和力和信赖感。所以，在演讲中，我们要尽可能地避免封闭性的身体语言。

（三）在演讲中加上自己的姿势语言

在说话中，用身体的运动姿势去辅助语言，可以更准确、更有效地表情达意，从而形成一种动态的形象，减少由于单调而带来的疲倦感。这种动态的表现有两种：一种是有意的，具有明确的意义，可代替语言沟通，如点头表示赞成，摇头表示反对或不知道；另一种是无意的，没有确实含义，只是伴随有声语言而动作，如随意性挥手。

1. 学会让眼睛"去说话"

眼睛的神态在演讲与交谈中具有重要的表情、表意和控场作用。在与听众的交流中，有经验的演讲者总是能够恰如其分地、巧妙地运用自己的眼神，去表达千变万化的思想感情，调整演讲和现场的气氛，影响听众以收到最佳的效果。只有不成熟的演讲者，才会一站到台上就把自己的眼睛"藏"起来，不是低头看着自己的讲稿、看着地板，就是抬头看着天花板、转头看着会场的外面，从不正视听众一眼，这样的演讲，其结果只能是失败。

我们在运用眼神时，应当和演讲内容以及思想感情的变化相一致，视线向上表示傲慢、思索的意思；视线向下表示愧悔、忧伤、羞怯的意思；环顾左右则是心神不宁、神情慌张的意思。所以，眼神不可以从始至终一动不动地直视，更不可以滴溜溜地乱转，否则听众不能从丰富多彩的目光变化中，准确领悟到演讲者所要表达的主题。

除此之外，在运用眼神时，还应当格外留心：

（1）形式多种多样，明确表意。演讲内容的波澜起伏，演讲情感的抑扬顿挫，到处都可以通过眼神来表现。丰富多彩的内容与情感，也必定要用多样化的形式来反映，单调的眼神肯定不能惟妙惟肖地传递丰富复杂的情感。运用眼神和听众交流，还必须让听众一看就可以明白，不会导致疑惑或发生误解。

（2）兼顾全场。除了特殊需要外，视线要不断地向前面转，顾及全场听众。这样不但有利于和听众交流思想情感，而且可以及时从听众那里得到反馈信息，以便调整自己的演讲。

要尤其注意的是：视线的运用通常是各种方法综合考虑、交叉运用的，同时要依照内容的需要，准确控制情感的节拍，配合有声语言形式与身姿、手势等立体进行、协同体现。

演讲中的目光语很重要，用好目光语很有技巧，表8－1介绍了运用目光语的四种方法：

表8－1　运用目光语的方法

方法	说明
前视法	演讲者视线平直向前而弧形流转，立足听众席的中心线，以此为中心弧形照顾两边，直到视线落到最后的听众头上，视线推进时不要匀速，要按语句有节奏地进行，要顾及坐在偏僻角落的听众
环视法	有节奏或周期地把视线从听众的左方扫到右方、从右方扫到左方或从前排扫到后排、从后排扫到前排。视线每走一步都是弧形，弧形又构成一个整体——环形。这种方法要注意中间的过渡，由于其视线的跨度大，演讲时要注意衔接。这种方法主要用于感情浓烈、场面较大的演讲
点视法	专职的目光留在某个人身上，与其形成目光的交流，时间大致在3~5秒钟，时间过短当事人没有收到你的目光，时间过长容易造成他的不适，同时会令其他人感受到被冷落。在会场前后左右中间都与部分学员有点视的链接，便于以点带面地把整个会场控制好
虚视法	"眼中无听众，心中有听众"，这种方法在演讲中使用频率很高，尤其是初上场的演讲者可以用它来克服自己的紧张与分神毛病而不至于使自己看到台下那火辣辣的眼神而害怕。这种方法还可以用来表示演讲时的愤怒、悲伤、怀疑等感情

2. 用面部表情去感染听众

表情是一个人内心世界的外在表现，它也是反映演讲者心理状况的"晴雨表"，演讲者完全可以用面部表情来调节气氛，帮助自己表达思想。明白常用表情的含义，把它们正确地运用到自己的演讲中，能起到很好的辅助表达的效果。

面部表情与眼神是密切相关的。其实，眼睛的传神常常是与面部其他部分的活动相配合进行的。眼神离开了面部其他部分的活动，其表情达意的作用就必然受到影响。面部表情非常丰富，许多细微复杂的情感，都能通过面部的种种表现来表达，并且能对口语表达起解释和强化作用。演讲者要善于体会面部表情的各种细微差别，并且要善于灵活地驾驭自己的面部表情，使面部表情能更好地辅助和强化口语表达。

适当运用面部表情，要适事、适情、适度，适时，要做到真实自然，喜怒哀乐都要随着演讲内容与思想情感的发展需要而自然流露，千万不可"逢场作戏"，过分矫揉造作，那样会让人感到滑稽与虚伪。也不能够面无表情、一脸严肃，令人感到枯燥压抑。

演讲者的面部表情和口语表达一定要协调一致，要可以鲜明、准确地反映自己内在的思想情感。面部表情以及有声语言的表情达意应当同步进行。为了合理交流感情、传递信息，千万不可以表现出讥讽的表情、油滑的表情、傲慢的表情、沮丧的表情。这些表情都会在听众中产生非常恶劣的影响，形成"离心效应"。

美国著名教育家卡耐基在谈到罗斯福的演讲时，称赞他全身就像是一架表现感情的机器，他满脸全是动人的情感，这样令他的演讲更勇敢、更有力、更活跃。当代著名演讲家、演讲理论家邵守义在演讲时脸部表情也十分丰富，时常表现出复杂的思想情韵。

在演讲中，微笑与平和是脸部表情的主要内容。不能让演讲带来的紧张压力将你的脸变成一张紧绷的"扑克脸"。自然的面部表情能够为有效沟通

2013 年 5 月 4 日，马云在美国加州斯坦福大学参加了"对话硅谷精英"的活动。这是马云在辞任 CEO 之前最后一次公开演说。

此次演讲，马云以"感恩"为基调，回顾了自己创办阿里巴巴的心路历程，认为是时代和团队造就了自己的成功，没有硅谷就不会有阿里巴巴。

在表达不同语义的时候，马云使用了不同的手势语。我们相信，马云的演讲是有感而发的，动作也是自然流露的。当然，更可以肯定的是，这样的手势语定然会对语言的表达起到良好的辅助作用，定然可以把马云当时的情感表达得更充分、更生动、更形象，从而给听众留下更深刻、更鲜明的印象。

在身体的运动姿势中，手势是最富有生命力的，手的表达能力仅次于脸部的表情，因此，我们说"手是人的第二张脸"，是一种特殊的说话表情。真正的演讲手势虽然都是情到自然处有感而出的，但是也需要平时的练习，这里就给大家介绍一套常用的手势动作，以供参考：

一、伸手

动作：手心向上，前臂略直，手掌向前平伸。

含义：表示请求、交流、许诺、谦逊、承认、赞美、希望、欢迎、诚实等。

二、抬手

动作：手心向上，手臂微曲，手掌与肩齐高。

含义：表示号召、唤起、祈求、激动、愤怒、强调等。

三、举手

动作：五指朝天，前臂垂直，手掌举至头部。

含义：表示行动、肯定、激昂、动情、歌颂等。

四、挥手

动作：手臂向前，手掌向上挥动。

含义：表示激励、鼓动、号召、呼吁、前进、致意等。

五、推手

动作：手心向前，前臂直伸。

含义：表示坚决、制止、果断、拒绝、排斥、势不可当等。

六、压手

动作：手心向下，前臂下压至下区。

含义：表示要安静、停止、反对、压抑、悲观或气愤等。

七、摆手

动作：手心对外，前臂上举至中区上部。

含义：表示反感、蔑视、否认、失望、不屑一顾等。

八、心手

动作：五指并拢、弯曲，自然放在胸前。

含义：表示自己、祝愿、愿望、希望、心情、心态等。

九、侧手

动作：手掌放在身体一侧，手心朝前。

含义：表示憎恨、鄙视、神秘、气愤，指示人物和事物等。

十、合手

动作：两手在胸前由分而合，双手合一。

含义：表示亲密、团结、联合、欢迎、好感、接洽、积极、同意等。

十一、分手

动作：两手在胸前由合而分，双手打开，做另一手势状。

含义：根据打开后手势的区域不同分别表示空虚、沉思、消极（下区），赞同、乐观、积极（中区），兴奋、赞美、向上（上区）等。

第四节　学会用首语

所谓首语，实际上是指通过头部活动传递的信息，它包括侧头、点头、昂头、摇头、低头等。这里所论述的首语，只是指头部的整体活动传达的信息，并不包括头部的器官传递的信息。

歪头、侧头包括多种含义，可表示思考、天真。就如小孩子在听大人说话或者在思考一个问题时，总喜欢歪着头，并托着腮帮。

昂头可以用来表达胜利在握、目中无人、充满信心、骄傲自满等。头一直往后仰，还表示陶醉。

摇头表示否定、怀疑、不满、拒绝、反对、不理解、不同意、无可奈何等。

点头可以表达感谢、肯定、致意、赞同、应允、同意、承认、满意，也可以表示理解、顺从等情绪。

低头表达的情绪有听话、顺从、委屈，也可以表达另有想法等。

在首语的运用方面我们需要注意以下一些原则：

（1）动作要明显，特别是它发挥替代功能时，如究竟是点头还是摇头，需要让对方看清楚，正确领会。

（2）要注意配合其他交际语言共同使用，在点头时配合"嗯"，就不会产生误会。也可以配合其他肢体语言使用，有很多成语便体现了这一特点，如"昂首阔步"、"点头哈腰"等。

（3）要注意一些文化存在的差异。这些地方的人表示同意便是把头向前伸，有些地方的人表示不同意要把头抬起来，还有些地方的人用摇头表示肯定，用点头表示否定，这和我们的日常习惯恰好相反。在和这些存在文化差异的国家或地区的人交往之前，首先有必要弄清楚他们的习惯。

（4）首语的使用频率不能过高。尽管在聆听对方说话时，适当地点头或者侧头会使说话的人感到你在用心听，不过过高的使用频率却会影响说话者的注意力或使人感觉你有点肤浅。

第五节　用最好的姿势展现自己

在演讲时表现自然、大度，无疑会为演讲增色添彩。以下是演讲者需要注意的姿态：从走上讲台开始就抬头、挺胸，打开肩膀，收腹、深呼吸，使气息深入肺部的最底部，这样一方面可以让我们的身板挺起来，另一方面也可以使你气息平稳、保持镇静。

尽可能将手表、资料等放到不起眼的地方，不动声色地查看，如果确实需要，请将物品拿起来，将手臂抬至胸部前上方自然地查看。无论如何，不要低头看，那会让你不自觉地弯腰。

一、站姿种类

站姿也是演讲时的最佳姿势，演讲时的站姿也有一定的讲究。总体来说，要求演讲者挺胸、收腹、精神饱满，演讲者只有采用自己认为最好的姿势才能更好地表达自己。演讲站姿有以下几种：

（一）自然式

两脚自然分开，平行站立，与肩同宽，间距约 20 厘米为宜，太宽会影响呼吸和声音表达，太窄则显得拘束。

（二）前进式

这种姿势是演讲者用得最多、使用最灵活的一种站姿。右脚在前，左脚在后，前脚脚尖指向正前方，或稍向外侧斜，两脚延长线成 45 度左右的夹角，脚跟距离在 15 厘米左右。

这种姿势重心不固定，可以随着上身前倾与后移，分别定在前脚跟与后脚上，不会因时间长身体无变化而显得死板。另外，前进式能使手势动作灵活多变。由于上身可前可后，可左可右，还可转动，这样能保证做出不同的手势，表达出不同的感情。

（三）稍息式

一脚自然站立，另一只脚向前迈出半步，两脚跟之间相距 10 厘米左右，两脚之间形成 75 度夹角。运用这种姿势，形象比较单一，重心总是落在后脚上。一般适应长时间站着演讲中的短期更换姿势，使身体在短时间里松弛，得到休息。一般不宜长时间单独使用，因为它给人一种不严肃的感觉。

（四）"丁"字式

一只脚在前，一只脚在后，两脚之间呈垂直的"丁"字形，两腿前后交叉，距离不宜超过一只脚的长度，全身重心放在前脚之上，后脚跟略微提起。

二、手应该放在哪里

在演讲中，手放置在哪里往往也让某些演讲者很头疼。如果手没有任何动作，很多人就不知道该放在哪里，导致整个人都很僵硬，显得不大气。所以，如何处理手的位置，也是演讲者必须面对的事情。

手应该放在哪里？不同的人应该放置在不同的位置。如果是男士，在坐着时，双手如果没有任何动作，应交叉握在胸前，这是力量决策型的握法；或者微微握拳，自然下垂，这是一个最基本的姿势。如果是女士，坐着时就不适合用双手交叉相握的方式了，而应该采用双手上下反扣的姿势，平放在胸前，这样看上去比较优雅。

在台上的时候，有些地方一定不要放手，一般腰身以下的部位都不要放。

有些人大腿或者其他部位感觉不适的时候，就用手去挠痒痒，这是非常失体面的举动。还有人把手放在裤兜里，这也是很不雅观的。

手也不能放在裤子旁边，因为人如果紧张，手可能会突然抓一下衣服，如果穿着裙子，就会特别难看。穿着裤子时，不要挽起裤角，这也是很不体面的。

也不要把手放到背后，那有点像小学生回答老师的问题，太规矩了反而让人觉得你的威严不够或者十分呆板。

如果你在讲桌后面，你可以将双手自然地放在讲桌两侧。如果没有讲桌，可将双手自然垂在身体两侧，也可以用手来操作演讲设备，如握住提示卡、笔等。总之，无论在什么情况下，都要让手放对地方。

三、注意事项

演讲者的表情、姿态和动作，不仅可以伴随有声语言传达演讲者的情感，还可以单独表达有声语言所难以表达的更丰富、更复杂、更微妙的情感。有句成语说得好："只可意会，不可言传。"这就揭示了态势语言对于情感的表现和传达是非常重要的。

在运用有声语言和态势语言的时候，为了收到演讲的最佳效果，我们必须注意以下四个问题：

（一）要有真情实感

这包括两个方面：一是演讲者要有真情实感，它来源于演讲者对内容的真切感受；二是对听讲的听众要有真情实感。只有这样，他的语言、声音以及形体动作，才会真实自然，才能产生较大的感染力。戏剧里强调演员要进入角色，就是让演员体会出角色的思想和情感，这样表演起来才真实而且具有艺术魅力，才能打动观众的心灵。演讲者同样要具有角色意识，要能进入情境，进入角色中。

如果演讲者没有真情实感，而是做作地运用有声语言和态势语言来进行演讲，这不但不能引起听众的情感共鸣，反会使听众感到别扭，甚至反感和厌恶。

态势语言要和有声语言紧密配合。演讲者的表情、动作、手势、姿态，突出特点就是"动"。只有把线条的流动和情感的流动有机而紧密地结合起来，达到和谐、统一，才能真实、自然地表达出演讲者的情感。

演讲者的声音要高亢、激昂，与此相应，演讲者的身体可以稍向前倾，同时把手果断有力地冲击出去。只有这样紧密地配合，才能充分表达出演讲者的真实情感。否则，如果二者相脱节，或者不谐调、不一致，就会破坏情感传达的效果。

（二）表达情感要恰如其分

罗马的文艺理论家郎加纳斯说："那些巨大的激烈情感，如果没有理智的控制而任其为自己的盲目、轻率的冲动所操纵，那就会像一只没有了压舱石而漂流不定的船那样陷入危险。它们是每每需要刺激的，但是有时也需要抑制。"

如果演讲者不能用理智控制自己的情感，夸大地运用了态势语言和有声语言，演讲效果就会受到影响。例如，讲到悲痛之处，失声痛哭起来，以致讲不下去，真实固然真实，然而显得过分了。又如，讲到高兴处，就笑得前仰后合、手舞足蹈，使听众不知所以然，这样毫无节制的过分的情感表达，只会弄巧成拙，失去其价值。

另外，在无需抒情的场合做不得当的、空泛的抒情，或者抒发了远远超过情境所许可的感情，这样的假情感的表达对于演讲的效果来说更是有害无益的。

总之，没有任何东西能够像恰到好处的真情流露那样崇高，这种真情通过一种"雅致的疯狂"和神圣的灵感而涌出，听来犹如神的声音。这就是掌握自己的情感、恰到好处地表达自己情感的威力所在。

（三）基调一致

如同唱歌一样，演讲者在演讲前一定要根据主题思想、情感的需要，为自己演讲的情感定一个基调，并使其贯穿于演讲的始终，虽有变化，但不离开总基调。整个演讲是兴奋的，还是悲伤的，是活泼的，还是庄严的，要尽可能前后一致，要形成演讲者的整体风格。切不可在一个演讲中情绪大起大落，忽而大悲，忽而大喜，忽而轻松自得，忽而怒气冲天。这样就会冲乱听众的思想脉络，破坏听众情感的统一，减弱了应有的感染效果。

当然，演讲中可能出现相反的情感，但要注意，不要把两种较集中的情感都推向最高潮。如果有两种以上情感交织的演讲，演讲者一定要在情感转换时有个过渡。否则，听众在没有准备的情况下，就会感到突然。要使转换自然，就需要前种情感由强到弱，而后种情感可由弱到强，这样，两种情感就可以自然过渡了。

（四）激发情感

戏剧化描述经验再现的过程，让听众重新感知，跟随你的意念做出模拟反应。

所有的大演说家都会有一种戏剧感。然而，这并非一种稀罕的而只能在雄辩家身上找到的特性。孩童们多有这种丰富的戏剧感，我们所认识的许多人都是富有面部表情的，善于模仿或做手势，它至少是这种无价的戏剧能力的一部分。我们多数人都有某种这样的技巧，只需稍加努力和练习，便能有更多的发展。

重叙事件时，在其中放入越多的动作和奋激的情感，就越能给听众留下印象。讲演不论多富于细节，讲演者若不能以再创造的灼热来讲叙，终是软弱无力的。只有使事例深印在听众脑海中，他们才会记得你的讲演，以及你要他们做的事。我们总记得华盛顿的诚实，正是由于樱桃树的事情已借着韦姆斯的传记而深植人心。

第九章　互动：让听众参与进来

　　很多演讲枯燥乏味的一个重要原因就是缺少互动，缺乏听众的参与。一个演讲的成功与否，很大程度上取决于听众。一个好的演讲，能让听众一直在积极、愉快的氛围当中，在结束时也感到意犹未尽。所以，演讲者一定要记住：演讲时不仅要自己说、自己动，还要让听众说、听众动。所以，演讲者需要充分调动听众的积极性，让听众能够参与到谈话中来。

第一节　调动积极性让听众参与进来

　　演讲是演讲者与听众的双向交流活动，演讲者是信息的传播者，听众是信息的接受者。演讲者离开了听众就失去了对象，演讲活动就无法进行。演讲者可以准备小奖品或小礼物来刺激听众的参与度，保持较高的注意力。或者，通常也会使用比较多的加分激励的方式来刺激听众的参与。

　　法国大革命爆发时，一个女保皇分子利用给大革命领导者马拉洗浴治疗皮肤病的机会，潜入浴室里将马拉杀害了。

　　这件事情发生之后，一个名叫希罗的人在国民公会中发表了演讲。演讲中，他大声疾呼："大卫，你在哪里？你给我们留下了为祖国献身的列比里契埃形象，现在该再画一幅出来！拿起你的画笔吧，为马拉报仇！让敌人看到马拉被刺时的真实情景而发抖！这是人民的要求！"

希罗这一呼吁，立即引起了强烈的反响。当时，正在现场的画家大卫立即大声回应道："好，我一定再画一幅！"全场爆发出了热烈的掌声。

三个月后，大卫的名作《马拉之死》诞生了。

演讲中，希罗向听众发出了呼吁，给听众一种身临其境、直接交流的感染力，牵动了听众的神经，引发了他们的直接参与交流，营造出了一种热烈响应的气氛。

演讲绝不是演讲者个人的独角戏！若想成功，很多时候都需要听众来参与。如果演讲内容与听众不太相关，听众就会采取冷漠甚至敌视的态度，因此要想让听众采取积极、热情的合作姿态，不妨让听众帮帮忙，让听众参与进来，以触发他们的兴奋点和创造欲，最终获得演讲的成功。

成功的演讲者既要使演讲融入听众，也要把听众融入演讲，赋予听众一种积极参与而不是被动接受的角色。只有如此，才能引发听众的共鸣，才能让听众洗耳恭听。你可以让学员们进行互动，例如，和相邻伙伴握握手，和同伴讲句话，和同学之间做个游戏互动等。也可以选择让学员直接充当某个演讲情景中的角色，邀请几个人上台与你一起表演，把所有人的注意力吸引过来。

第二节　用问答让听众参与演讲

在现实中，我们经常可以看到这样的状况：演讲者一站上台就好像是打了兴奋剂一样，又像是停止按钮失控了一样，滔滔不绝地说个不停，没有空隙，丝毫不给听众插嘴或参与的机会。但事实是，虽然这样做确实可以将演讲的控制权和主动权牢牢地把握在自己的手中，不至于因为听众插话而搞出麻烦事情，使场面失控，但听众对此是不会买账的。

一场成功的演讲必然是演讲者和听众的思想、智慧、观点实现合璧的结果，而不是演讲者一个人的独角戏。虽然很多时候听众确实希望演讲者像真正的专家那样给予他们专业、科学、合理的建议和指导，但他们需要的是尊重，而不是传道，他们不希望你高高在上地对他们指手画脚，就像是为了炫耀自己的口才一样滔滔不绝地从头说到尾，而自己却什么话都插不上。

他们喜欢和你互动，他们需要这样一种感觉：自己也是演讲的重要一分子，在其中扮演着不可缺少的角色，而不是像傻瓜一样听你说个不停。如果你一意孤行，一定要占据正常演讲的所有时间，这将是一种愚蠢的行为。所以，无论何时，都不要把听众完全排斥在你的演讲之外，而要让听众参与到你的行动中去。

事实证明，在合适的问题上以合适的方式向听众提问可以有效地把听众拉入你的演讲中，使之把注意力完全放在你的演讲上，积极主动地去思考和关注你的讲话，从而营造出有效的沟通氛围。

此外，给听众提问的机会、满足其自我表现的欲望也是一种让听众参与的好方法，不过，需要注意的是，如果让听众在你的演讲中充当一个说者的角色，你就要考虑一个问题：即便你已经做了大量的准备工作，但听众是一群有独立的判断能力和思考能力的人，而且每个听众都会有不同的看法和立场，如果你不加控制地任由听众天马行空地自由发挥，最后你会发现场面失控，你已经陷入被动挨打的局面，只能疲于应付。所以，让听众提问的时候一定要划定"势力范围"，让听众知道他们可以讨论哪些问题，哪些问题是你不愿意讨论的，哪些问题你更乐意私下和他们交流。

在回答听众问题的时候，一定要沿着既定的主题和思路去回答，保持前后的统一性，千万不要总是转换一个话题。反反复复的更改只会让听众怀疑你的可信度，只要不是什么大的错误，你没有必要当场更改。

第四部分　撼动人心的演说

2014 年 11 月 21 日，小米科技 CEO 雷军在北京大学参加了"活力中国说——一刻演讲"活动。以下是雷军北大演讲的节选：

其实，办小米对我来说是一个很难的事情，为什么？因为我在办小米之前，我有幸参与了金山软件的创办，今天我依然是金山软件的董事长和大股东，而且我还有幸办过一个电商公司叫卓越网，可以说我的人生也足够了。在 IPO 之后，我退休了，还干了三四年天使投资，业绩还不错，绝对能进入中国天使投资界的第一排系列。

是什么样的动力使我下定决心去干这么累的一件事情？在我从金山退休的那个阶段，有天晚上我从梦中醒来，问了自己一个问题：我 40 岁了，在别人眼里功成名就，还干着人人都很羡慕的投资。我还有没有勇气去追寻我小时候的梦想？

我犹豫了半年，最后，梦想激励我一定要去赌一把！于是我下定了决心，办了小米。刚开始，我认为我 100% 会输，我想的全部是我怎么死。但我真的很庆幸，我们竟然只用了 3 年，就达成了一个令我自己都无法相信的结果。

……

有梦想是件简单的事情，关键是有了梦想以后，你能不能把这个东西付诸实践。我们做任何事情都需要看五年，想三年，认真做好一两年。

……

第十章　演讲的三种类型

演讲的类型有很多，如告知型的、娱乐型的、说服型的。每种类型的演讲特点不同、方法不同，取得的效果也是不一样的。如果想提高自己的演说能力，就一定要了解和掌握这三种类型，然后在平时加以运用。

第一节　告知型演讲

告知型演讲指的是演讲者只是负责把要传递的信息传递下去，让底下听众听到自己要讲的内容。相比较而言，告知型演说，相对容易一些，也是绝大部分人停留的层次。

在很多情形当中，人们都需要将消息告知另外一些人，这方面的交流能力将在大家的一生中发挥作用。做一个告知型演讲，让大家在这样的演讲当中扮演一位教师或讲师。你们可能要描述一个物体，显示某种东西怎么起作用，报告一次事件，解释一个概念等。你们的目的是传递知识和见解，而不是倡导一项事业。你的演讲可能要根据下述三个基本标准进行评估：

（1）信息是否得以准确交流？

（2）信息是否得以清晰交流？

（3）信息是否对听众有意义并有乐趣？

告知型演讲在很多日常情形当中出现，但是，要想讲好也不是一件简单的事情，要求掌握一定的技巧。这里我们就给大家介绍几种分析和组织告知型演讲的方法。

一、关于物体的演讲

在这里，"物体"包括看得见、摸得着和外形稳定的任何东西，它们有可能包括地点、结构、动物，甚至包括人在内。

下面是一些关于物体的演讲中的一些例子：

如果你的演讲主题是漫画，那么你就要告知听众，让他们明白漫画的社会功能。

如果你的演讲主题是大峡谷，那么你就要告知听众，让他们明白大峡谷的地质特征。

如果你的演讲主题是伊丽莎白·卡迪·斯丹顿，那么你就要告知听众，让他们明白伊丽莎白·卡迪·斯丹顿在美国女权运动中的作用。

如果你的演讲主题是数字式相机，那么你就要告知听众，让他们明白购买数字式相机的时候应该注意哪些事项。

如果你的演讲主题是海草，那么你就要告知听众，让他们明白海草的商业用途。

大家经常会发现，关于物体的演讲一般采用主题顺序。

例如：演讲主题是新能源汽车。

❋具体目标

告知听众，让他们明白现在正在开发中的主要的替代燃料汽车。

❋中心思想

正在开发的主要的替代燃料汽车是电能、天然气、甲醇或氢气驱动的汽车。

❄要点

第一种替代燃料汽车是电能驱动的。

第二种替代燃料汽车是天然气驱动的。

第三种替代燃料汽车是甲醇驱动的。

第四种替代燃料汽车是氢气驱动的。

不管利用哪一种组织方法，编年顺序、空间顺序或者是主题顺序，都应该按照以下要点进行：

（1）把演讲限制在 2 ~ 5 个要点之内；

（2）各要点必须分开；

（3）各要点都要用同一种措辞模式；

（4）各要点的时间长度要均衡。

二、关于事件的演讲

《兰登书屋字典》对事件的定义是："发生或被认为在发生的任何事情。"

下面有一些例子，是关于事件的告知型演讲的具体目标陈述的好例子：

告知听众，让他们明白墨西哥五百年祭的节日活动。

告知听众，让他们明白小比格霍恩战役中发生的事情。

告知听众，让他们明白理疗的技巧。

告知听众，让他们明白"二战"期间日裔美籍人的收容情况。

大家可以看出，有很多种办法可以讨论事件。如果你的具体目标是叙述一个事件的历史，那你可以按照时间顺序来组织演讲，使事件按照所发生的顺序一个接一个地报告出来。

例如：演讲主题是残障人权利运动。

❄具体目标

告知听众，让他们明白残障人权利运动的历史。

❖中心思想

残障人权利运动在过去的三十年里取得了很大进步。

❖要点

（1）残障人权利运动是 20 世纪 60 年代中期在加利福尼亚州的贝克莱开始的。

（2）1973 年，残障人权利运动取得了第一次重大胜利，通过了联邦康复法案。

（3）1990 年，国会批准了美国残障人法案，残障人权利运动发展到一个新阶段。

（4）如今，这项运动正在向美国之外的其他国家发展。

三、关于概念的演讲

关于概念的演讲包括信仰、学说、思想和原则等，它们比物体、过程或事件更抽象一些。以下是关于概念的演讲当中一些具体目标的陈述：

告知听众，让他们明白非洲中心论的基本理论。

告知听众，让他们明白宪法诠释中的原意理论。

告知听众，让他们明白欧洲和美国不同的教育哲学。

告知听众，让他们明白电影理论中的主要原理。

关于概念的演讲一般是按照主题顺序来组织的。一个通用的方法是历数概念的主要特征或方面。

例如：演讲主题是非洲中心论的基本理论。

❖具体目标

告知听众，让他们明白非洲中心论的基本理论。

❖中心思想

非洲中心论的基本理论有理论和实际上的尺度。

※要点

（1）非洲中心论的理论尺度，考察的是从非洲而不是从欧洲的视角来看待历史社会事件。

（2）非洲中心论的实际尺度，要求改善学校的课程，以适合非裔美国儿童的需求与文化体验。

关于概念的演讲经常会比其他类型的告知型演讲更复杂。概念是抽象的，对于第一次了解这些概念的人来说，是很难解释清楚的。解释概念的时候，应该特别注意避免使用专业术语，应该注意清楚地解释概念，并利用例子和比较来说明概念，使它们易于为听众所了解。

需要说明的是，区分关于物体、过程、事件和概念的告知型演讲的线条并不是绝对的。有些话题适合不止一个范围，这取决于你对演讲的处理水平。你可以把《独立宣言》当成一个物体来处理，解释它的历史和它在美国革命中的作用。你也可以讲解《独立宣言》的意义，在这种情况下，你可能会谈到概念——与自由和民主关系密切的一个思想。

第二节　娱乐型演讲

娱乐型的演讲是指现场气氛非常开心活跃，演讲者有很好的表达能力，能把现场气氛掌控和调动得很好，而且演讲者语言幽默风趣。

一、餐后演讲

西方社会比较流行的餐后演讲就是一种典型的娱乐型演讲。

餐后演讲一般都比告知型演讲更轻松一些，这种语气上的差别会对演讲的主题产生一定的影响。

艾滋病、儿童虐待、酒后驾车、血汗工厂、枪械暴力行为，这些主题都很重要，但听众一般不会在典型的餐后演讲的轻松气氛里听到这样一些沉重的话题。不过，在大部分情况下，适合于告知型演讲的任何主题一般也都适合于餐后演讲，只要人们采用比较轻松的口气就可以。

例如，假定你的主题是营养。如果你就这个演讲话题进行一番告知型演讲，你的具体目标可能是：告知听众，让他们知道人体饮食中最基本的四种营养物。

如果你进行的是一种劝说型演讲，你的具体目标可能是：劝说听众，让他们相信应该减少牛羊肉的消费而增加一些鱼类制品、蔬菜和谷物。但是，如果你是在就营养问题发表餐后演讲，则具体目标可能是：娱乐听众，让他们知道有些人吃特别的营养食品后产生的极端荒唐可笑的结果。

再如，假如你的主题是气象学。如果你进行告知型演讲，具体目标可能是：告知听众，让他们明白气象学家预测天气的种种方法。如果你是在就同一个主题做劝说型的演讲，具体目标可能是：劝说听众，让他们相信政府应该增加跟天气相关的研究用预算。如果你是在就同一个话题进行餐后演讲，那你的具体目标则可能是：娱乐听众，让他们看到谈论"典型"气候是何等可笑的事情。

这些例子说明，餐后演讲不应该是技术上的，也不是争论型的。它们也许包含对于听众来说属于新内容的信息，这样的餐后演讲甚至还有可能产生劝说性的影响，但是，其论证材料的选择主要还是因为其娱乐性的价值。

餐后演讲的听众很少处在准备听一大套推理、接受一大堆统计数据，或者理解一连串抽象概念的情绪中。反过来，他们主要是寻找温和型的演讲，因为用新奇的方式谈到一个演讲主题，能够刺激他们的想象力，而且谈话的口气很轻松，不是用怪诞的笔调描述事物的。

这并不是说餐后演讲就应该是东扯西拉或纯粹是琐碎的内容。跟其他所有演讲一样，餐后演讲也要求进行精心准备和组织。它们应该有一个中心主题，还应该就一个主题进行有思想的深度，不管谈到的是人类本性（如虚荣心或追求不朽的欲望）、大学生活（如期末考试或寻找合适的公寓）、体育活动（如现代橄榄球与古罗马角斗士之间的差别）、家庭生活（如夏令营的危险或第一次当父母的经历）、工作（如忍受老板、处理非同寻常的海外习俗），甚至是当前的时事（如如何选择总统候选人，或者如何把握股市升跌）。

幽默是餐后演讲的重要部分。美国最优秀的餐后演讲人，一直以来都是一些幽默大师，如马克·吐温、威尔·罗杰斯、阿特·布肯沃德、安迪·鲁雷。但是，这并不是说，你必须成为小有名气的幽默大师才能够成为成功的餐后演讲人。餐后演讲中的幽默，其目的更多是为了逗人发笑，而不是用一句话的笑料让人肠胃搅动。在最优秀的演讲当中，幽默会从演讲材料当中自然而然地流露出来，帮助演讲人明确自己的观点。

当然，幽默虽然有助于形成成功的餐后演讲，但是，幽默并不是非有不可的，最好的办法一般来说是不要故意去搞笑。如果能够创造性地处理好一个演讲话题，那就应该选择本身就有趣的一些论证材料，并利用语言资源来形成鲜明的意象、生动的描述、丰富多彩的细节和聪明的说法，这样一来，你同样可以收到很好的效果。

二、介绍性的演讲

特别场合下的演讲与我们在书中看到的演讲不一样，它们也会传达出一定的气氛，但是，其主要目的并不在于传达信息，它们的主要目的也不是要劝说什么，特别场合下的演讲的主要目的还是满足一个特定场合下的特别需求。

"尊敬的各位来宾，这位是美国总统。"如果你曾处在必须要介绍总统的场合当中，那你需要说的话不会超过前面的十四个字。总统是非常出名的人物，再说更多的话就不太合适了，甚至是愚蠢的。

然而，在大多数情况下，介绍性的演讲都不会这么简单，也没有这么仪式化。如果你介绍的是另一位演讲人，那你需要在介绍部分完成下面的三个任务：

（1）为即将上台的演讲人营造出激励气氛。

（2）为演讲人的话题营造出激励气氛。

（3）营造出一个欢迎的气氛，使演讲人的可信度得到确认。

好的介绍性演讲听起来让人开心，也可以让主讲人的任务轻松很多。这样一个演讲的基本信息是：　"下面这位演讲人是你们会喜欢的，理由如下……"一般来说，你会谈一谈这次演讲要谈到的主题，这个主题的重要性，以及演讲人的资格等。介绍性的演讲要注意以下几点：

（一）要简短

"一战"期间，英国外交大臣巴尔富尔在美国的一次集会上当主讲人。但是，介绍巴尔富尔的那位演讲人就战争的起因发表了一通长达 45 分钟的演讲。之后，好像是事后想起某事一样，他说："现在，巴尔富尔阁下将发表演说。"巴尔富尔站起身来，说："我应该在余下的时间里拿出自己的演讲（地址）：英国伦敦查尔顿花园 10 号。"

每位演讲人和听众都知道长篇大论的介绍性演讲是何等烦人的事情。听众在想："啊，我的天，快点吧。"对于演讲人来说，麻烦还更多些，在介绍人漫无目的地啰嗦的时候，热情会慢慢消退。到介绍人结束讲话，要坐下去的时候，演讲人也许已经丧失了大部分热情。

介绍性演讲的目的是要把注意力转移到主讲人身上去，而不是让听众注意介绍人本身。在正常情况下，介绍性演讲不会超过两三分钟，如果演讲人是听众所熟悉的，这个时间还要更短一些。

（二）　确保所说的话完全准确

许多介绍人拿演讲人的基本事实胡编乱造，结果令本人和主讲人都十分难堪。应该记得提前弄清楚主讲人的情况，确保自己的介绍从各个方面来看都是准确的。

最重要的是，应该把演讲人的名字弄准确。这显然是一件不需要强调的事情，但是，不强调也得强调。请记住，没有任何东西比一个人的名字更重要的。如果你把名字弄错了，那你就剥夺了这个人的身份和重要地位。

在每一次与名人同台演讲的时候，我都要去详细地了解他们背后的一些细节。与冯仑一起演讲之前，我仔细地去了解他的个人经历，并且阅读他的著作，如《野蛮生长》、《伟大是熬出来的》等。与俞敏洪老师一起更是如此，俞老师发愿"用商业的力量改变中国"，在他发起的志在帮助中国中小企业家成长的筑梦之旅论坛中，我再次详细了解了俞老师从大学到创业过程的种种经历，以及个人经历的困难与危险。所以当给他做介绍时，就可以简明扼要地把他的一些典型经历传递给下面的听众。你掌握的信息越精确，你在讲话时就越容易增强信心、增加感染力，做到胸有成竹、尽在把握。

（三）　根据场合调整自己要说的话

准备介绍的时候，也许要根据当时当地的场合做出调整，正式的场合要求正式的演讲介绍。如果你是在非正式的商务会议上介绍一位客座演讲人，就可以比在正式的宴会演讲上随便得多。

（四）　根据主讲人的情况调整自己的话

不管介绍性的演讲做得多么完善，听众多么喜欢，如果让主讲人感到不舒服，那么，这个介绍性的演讲就失去了它的一部分目的，我们要根据主讲人的情况来调整自己的话。

（五）根据听众调整自己的话

在演讲当中，要根据不同的听众调整自己的演讲。你的目标是让这批听众希望听到这位演讲人谈论这个主题。如果演讲人不是听众所熟知的，你必须为他建立可信度，要谈到这位演讲人主要的成就，并解释为什么他有资格就目前的话题进行演讲。但是，如果演讲人已经是听众所了解的，那么，再做出以为听众不了解这位演讲人的举动就荒唐可笑了。

如果你将同一位演讲人介绍给两种不同的听众，介绍性演讲中的有些信息可能是一样的，但是，介绍的方式可能稍有不同。

例如，假定某个城市的警察局局长将为两种听众演讲：小学生和市议会的成员。那么对学生听众所做的介绍性演讲可能是下面这个样子的：

孩子们，我们今天请来了一位重要的客人。他是我们这个城市的头号警察，是所有警官的长官。他了解我们这个城市的很多犯罪情况，还花时间跟国际刑警合作，那是对付全球犯罪行为的许多警官成立的一个特别组织。今天，他将跟我们谈谈如何与我们所在辖区的警官合作以预防犯罪行为。让我们热烈欢迎警察局长罗伯特·华盛顿的到来，并认真听他演讲。

但是，给市议会成员的介绍性演讲大致是如下的样子：

市议会议员及尊敬的来宾：今天，我荣幸地为大家介绍本市的警察局局长，他今天将为我们谈谈社区警务计划的事情。大家都知道，作为我市警方的负责人，警察局长先生在十多年的职业生涯中享有很高的声誉。但是，大家也许不知道，他本人持有刑事犯罪学的硕士学位，还出国在国际刑警组织进修过一年。

六年前，警察局长先生介绍过社区警务计划。这个计划的意思是让警察走出警车，直接进入我们的社区，让他们直接与商户和居民谈话，交流如何促进本市活力的办法。这些警官不仅做些逮捕的事情，他们想办法采取措施，帮助我们解决造成犯罪的问题。这意味着需要人们参与其他市镇机构提供的服务，包括学校、医院、住房机构、戒毒中心等。

这项计划现在看来正在发挥作用。在有社区警务活动的地方，犯罪率在下降，居民报告说，他们感觉安全多了。今天，警察局长将告诉我们，这个计划如何扩大到这个城市的更多社区，并使其对所有公民更有效率一些。请大家欢迎罗伯特·华盛顿警长。

（六）　想办法形成期盼感和戏剧效果

大家可能注意到了一个细节，在介绍性演讲当中，往往演讲人的名字都是在最后才说出来的，这是介绍性演讲中的传统做法。

虽然有时候，打破这一传统有足够多的理由，一般来说，你会避免首先就提到演讲人的名字，哪怕听众非常明白你是在说谁。这么做你会形成一种戏剧感，使演讲人名字的出现成为介绍性演讲的高潮。

你经常会发现自己处在介绍一位听众十分了解的演讲人的场合当中，如一位同学、商务会议上的一位同事、一个社区团体中的邻居等。此时，你应该有创造性，把演讲人投入新的角度中。努力增强听众的期盼感，让他们着急地等待演讲人的出现。应该事先跟演讲人谈一谈，看看能否得到一些新的信息，是听众所不了解的一些有趣事实，尤其是跟演讲人所谈的主题有关的有趣事实。有可能的话，可以事先跟演讲人的亲朋好友谈一谈。

最重要的是，如果你期望达到戏剧性和有创造性的效果，要确保在介绍性演讲之前进行彻底的练习。哪怕介绍性演讲的时间很短，但是，也没有理由不尽量把这样的一次演讲做到完美的程度。你应该能够临场发挥，既有热情，又有诚心。

就假期做什么、是否要购买一部新手机、周末看什么电影等进行辩论。在工作当中，我们讨论是否要罢工、销售一项产品的时候利用什么策略、如何改进管理层与雇员之间的交流。作为公民，我们要思考是否投票支持或反对某个政治候选人、对学校发生的暴力行为采取什么措施、如何保持经济增长、如何保护环境等。

所有这些都是政策问题，因为它们处理不同的一系列行动。政策问题无可避免地会涉及事实问题，这些问题也有可能涉及价值问题。但是，政策问题总是会超越事实问题或价值问题，之后才能够决定某些事情是否应该做。

就政策问题进行演讲的时候，你的目标也许是获得被动同意，也许是促进听众立即采取行动。决定希望达到哪一个目标是很关键的，因为它影响到演讲的几乎所有方面。

1. 获得被动同意的演讲

如果你的目标是被动同意，那你会努力让听众同意你的观点，认为某个政策是较好的，但是，你不一定鼓励听众做什么事情来落实这项政策。例如，假定你希望说服大家，让人们相信美国应该废除选举团，通过直选来选举总统。如果你寻求被动同意，你会努力让听众同意，总统应该由全体人民直接选举产生，而不是由选举团来选举。但是，你不会促使听众现在就采取行动，以利改变总统选举的程序。

2. 获得立刻行动的演讲

如果你的目标是立刻行动，那你希望的就是听众不仅点头表示同意。你希望促进他们，让他们行动起来。除了说服他们，让他们相信你提倡的事业是靠得住的，你还努力唤起他们立即采取行动、在请愿书上签名、要求废除选举团、投入宣传活动、要求降低学费、要求开始常规锻炼、要求投入一个筹资活动、要求投票支持某位政治候选人等。

第十一章　演说魔术公式

亚里士多德关于说服性论证的经典"五步计划"：

（1）讲述一个能够引起观众兴趣的故事或观点；

（2）给出一个需要解决的难题或需要回答的疑问；

（3）给出你的答案；

（4）具体描述你的解答对解决问题而言的好处；

（5）号召听众采取行动。

自亚里士多德时代就传下来的演说结构——绪论、本文、结论的方式，对听众有很大的影响说服力，但相对而言这种方式可能需要展开进行演说，用时较长。很多时候演说者只有简短的时间去进行演讲，如何在几分钟内就达到说服影响听众的结果，一直是演说者思考的问题。

第一节　魔术公式的由来

一般来说，说服听众是最困难的，20 世纪，著名的演说家卡内基先生，针对这个问题组织专家、学者、心理学专家等各类群体，进行深入的分析研究，终于找到了一个符合心理学法则又能引导人们行动的说话结构，就是具他人一样但自己心里认为不正确的答案呢?

从总体结果看,平均有33%的人的判断是从众的,有76%的人至少做了一次从众的判断,而在正常的情况下,人们判断错的可能性还不到1%。当然,还有24%的人一直没有从众,他们按照自己的正确判断来回答。

从众是一种普遍的社会心理现象,从众效应本身并无好坏之分,从众现象在我们生活中比比皆是。大街上有两个人在吵架,这本不是什么大事,结果,人越来越多,最后连交通也堵塞了。后面的人停了脚步,也抬头向人群里观望……

美国人詹姆斯·瑟伯有一段十分传神的文字,来描述人的从众心理:

突然,一个人跑了起来。也许是他猛然想起了与情人的约会,现在已经过时很久了。不管他想些什么吧,反正他在大街上向东跑去。另一个人也跑了起来,这可能是个兴致勃勃的报童。第三个人,一个有急事的胖胖的绅士,也小跑起来……

十分钟后,大街上所有的人都跑了起来。嘈杂的声音逐渐清晰了,可以听清"大堤"这个词。"决堤了!"这充满恐怖的声音,可能是电车上一位老妇人喊的,或许是一个交通警说的,也可能是一个男孩子说的。没有人知道是谁说的,也没有人知道真正发生了什么事,但是两千多人都突然奔逃起来。

从众心理对人的影响确实很大。不同类型的人,从众行为的程度也不一样。一般来说,女性从众多于男性;性格内向、自卑的人多于外向、自信的人;文化程度低的人多于文化程度高的人;年龄小的人多于年龄大的人;社会阅历浅的人多于社会阅历丰富的人。

了解人的从众心理,并恰当地处理其行为,是很有意义的。有的领导意见本是错误的,有些员工由于惧怕反对而对自己今后不利,而违心地投了赞

第十一章　演说魔术公式

亚里士多德关于说服性论证的经典"五步计划"：

（1）讲述一个能够引起观众兴趣的故事或观点；

（2）给出一个需要解决的难题或需要回答的疑问；

（3）给出你的答案；

（4）具体描述你的解答对解决问题而言的好处；

（5）号召听众采取行动。

自亚里士多德时代就传下来的演说结构——绪论、本文、结论的方式，对听众有很大的影响说服力，但相对而言这种方式可能需要展开进行演说，用时较长。很多时候演说者只有简短的时间去进行演讲，如何在几分钟内就达到说服影响听众的结果，一直是演说者思考的问题。

第一节　魔术公式的由来

一般来说，说服听众是最困难的，20 世纪，著名的演说家卡内基先生，针对这个问题组织专家、学者、心理学专家等各类群体，进行深入的分析研究，终于找到了一个符合心理学法则又能引导人们行动的说话结构，就是具备神奇说服力的魔术公式。该公式诞生后，很快风靡了全世界，如寓言故事、广告等都使用这一诀窍。

第二节　"魔术公式"的要点

"魔术公式"的要点就是：一开始演讲，便把你的实例的细节告诉听众，说明你希望传达给听众的具体意思。接着，以详细清晰的语言说出你的论点，以及希望听众做什么。最后，陈述缘由，也就是向听众强调，他们若按你所说的去做，会有什么好处。简言之，"魔术公式"就是要使演讲具体化。

下面介绍"魔术公式"，并对照高露洁的广告语，对其进行说明。

一个贝壳状的石膏物体从酸性液体中被取出来，牙医用小镜子一敲，贝壳左边碎了，而右边却完好无损。然后，一群小朋友举着牙膏大声喊道："我们都用高露洁。"接下来，又说道："我们的目标是，没有蛀牙。"

相信大家都看过这则牙膏广告：第一步，通过说明性事例，生动地阐释你想传达的意思——高露洁牙膏的广告以贝壳的两边做对比，一边敲坏了，一边没有坏。什么原因呢？原来是右边涂了高露洁的牙膏，这说明高露洁牙膏具有防止酸性物质破坏牙齿的功能。第二步，以详细清晰的语言，说出你的重点，要听众做什么——我们都用高露洁，意思是请大家都来用。第三步，说出听众这么做能够得到的好处——没有蛀牙。

魔术公式非常适合当今人们快节奏的生活方式。听众都是忙碌的，他们希望演讲者以直率的语言，一针见血地说出要说的话。演讲人利用"魔术公式"必能获得听众注意，并可将焦点对准自己言语中的重点。它能避免啰唆无趣的开场白，例如："我没有时间把这场演讲准备得很好。"或"你们的主席请我谈论这个题目时，我在想，为何他要挑选我。"听众对道歉或辩解不感兴趣，不论其是真是假。

魔术公式看起来很简单，事实上要想达成很好的效果，最重要的还是要在平时的工作中进行大量的知识积累与准备。我们可以看到很多成功的演讲家，他们好像在任何时间、任何地点都能做出精彩的演讲。事实上，因为他们在平时做了很多准备，进行了无数次没有公开的演讲，所以才能在关键时候表现好、发挥好。

这个魔术公式的本质其实并不复杂，由三部分组成：事件、要求、好处。

一、事件

用丰富的细节展开一个故事，故事能给听众留下一个深刻的画面感。

倘若要告诉听众：在长途旅行前，应先检查车辆，那么你的事例中的所有细节都应说关于你在旅行前未事先检查车辆所发生的事情。假使你谈的是如何观赏风景，或抵达目的地后何处过夜，就只会掩盖了重点，分散了注意。

还应注意的是，将此题的细节隐蔽于具体、光彩灿烂的言语中，是更佳的方法，可依其发生情况，重造当时的情景，使其历历如绘般展现于听众面前。只说你从前曾因疏忽而发生意外是拙劣的、无趣的，很难激起听众的兴趣。若把自己"惊心动魄"的经验绘成画面，必能把这件事刻画在听者的意识里。

总之，你的目的是要听众看到你原先所看到的、听到你原先所听到的、感觉到你原先所感觉到的。唯一可能达到这种效果的方法，即是采用丰富的具体细节。

这里讲的细节，是指能够有力地表达讲话观点的细小事物、人物的某些细微的举止行动，以及景物片断等。有时候，我们讲话是讲一个完整的故事来说明观点；有时候因为讲话时间所限，无法展开讲故事，就要学会讲细节。

一叶知秋，有时候一个细节讲好了，也能够达到生动形象地表达观点的效果。著名央视主持人白岩松在演讲中就善于寻找细节，他曾经说过这样一段话：

要想成为好的主持人、造就好的新闻，最关键的就是能找到有细节的语言、让人深刻的细节以及细节化的表达。印象深的都是细节！

我在节目里说的很多东西都新鲜吗？不新鲜。但是只有采用新的说法去说这件事，才能把道理传递出去。例如，我想告诉大家"现在房地产商不降价，政府在拼命地强调"，只有换成"总理说了不算，总经理说了才算"，大家才能印象深刻。

我的语言有细节，我会去捕捉细节。例如，在做大概念、做直播的时候，我从来都是最后一个面对摄像机的。不管他们怎么架机位，我一定都在现场来回晃荡，直到做直播的时候才回来。我在找什么呢？不是找大的概念，而是在找一个可以进入语言的细节和进入节目报道的细节。例如，我去圣彼得堡报道"胡锦涛参加圣彼得堡国际论坛"的事件，就是一个很有概念的大事，但是做直播的时候我却不断地往里加新东西。例如，做完第一场直播后，我出来瞎逛，打算一个小时之后再回去。结果，在这中间，我突然听到了中国夜上海的歌，这是在俄罗斯，是哪儿传出来的呢？找来找去，最后我发现，会场有一个大酒吧，供人们休息。我凑过去一看发现，不仅每隔三五首歌就会有一首中国歌，而且有三分之一的服务员都穿着旗袍，有一排灯就是中国的宫灯。我急忙将摄像师叫过来，记录下了这一细节。如果想表达办了很多届的国际论坛，但今天格外有中国特色，是因为胡锦涛来了，这要怎么表达？这就是一个很棒的细节。上节目时，我就把这个细节传递了出去，这远比用一张嘴空说更有说服力。

......

通过这段话，我们可以发现，白岩松的语言为什么会有说服力了，重视细节就是他的秘诀之一。隔行如隔山，隔行不隔理，白岩松的经验可以给我们带来启示。

二、要求

有一次，我在开车的时候收听中国国际广播电台的节目，有一句话，讲得我泪水夺眶而出。节目讲的是抗美援朝时期上甘岭的事情：

志愿军四十五师守卫在上甘岭，几番拉锯，部队伤亡严重，只得退守坑道，上甘岭表面的阵地暂时失守。此时，第十五军军长秦基伟正在眺望五圣山，过后，一声不吭地径直走进作战室，拿起电话对第四十五师师长崔建功下了死命令："守住阵地，粉碎敌人的进攻。丢了上甘岭，你就不要回来见我了。"

秦基伟语气平和，却透着不可更改的威严。崔建功当即表态："请军长放心，打剩一个连我去当连长，打剩一个班我去当班长。只要我崔建功在，上甘岭就是朝中人民的。"

什么叫志愿军的英雄主义精神？不需要千言万语，崔建功这一句话，就体现得淋漓尽致。所以听到这句话，一种敬佩之情油然而生，我的眼泪一下就下来了。

讲完了一个印象深刻的故事后，要对故事做一个总结，然后提炼出一个要求，通过这个故事，需要大家做出什么样的行动。也就是，故事讲完，一定要有一个明确的结论。

具体要求：

（1）简短有力。对听众提出的要求要简短有力，不能长篇大论，否则就有点不伦不类了。

（2）要求要尽量具体。给听众提出的要求要尽量具体，不能让人不知所云。

（3）要求要容易去做。给听众提出的要求，要保证能够做到。

三、好处

提出要求还没有结束，只有再加上"好处"，才能更好地促成听众做决定，或采取行动。因为人们都有趋利避害的天性。

在社会的发展中，许多事物都有两面性，看似可以给人们带来利益的事情往往也隐藏着很大的危害。趋利避害是人们在生活实践中根据自身的需要逐步形成的一种普遍性的情感意向。如果演讲者能够抓住听众的这一心理特点，有针对性地陈述这种利害关系，相信一定可以影响听众的内心，让他们有所感悟。

有个人在演讲时这样说：

我们开发了地球的能源，建立了无数的工厂，虽然让我们的生活有了很大的改善，但是工厂扩散出来的各种有害气体，扰乱了大自然的宁静；工厂排出的残渣废水污染了清澈的水源，毒害了无数的生灵，种种令人惊悸的疾病乘势而生……这些就是我们破坏环境的代价。这同时也是在警告我们：如果我们只顾自己的利益，而不保护环境、拯救家园，最终毁灭的将是我们人类自身。

此段演讲以严肃的责任感陈述了威胁人类生存和安全的一种潜在危害——环境恶化，让听众在利与害的强烈对比中，既受到情感的震动，又获得思想的警示，从而自觉行动起来，为保护环境、拯救家园而贡献力量。

第十二章　说服演说

我们之所以要演讲，一是为了传递自己的思想，二是为了让别人接受你的观点。当然，最终的目的都是为了说服对方，然后让听众积极行动。当你能够成功说服别人的时候，你的演讲也就成功了。那么，如何来提高自己的说服力呢？不仅要拥有说服公众的心态，还要掌握必要的说服法则……如此，才能提高演讲的说服力。

第一节　公众说服心态

公众说服是威力无匹的工具，工具本身无好坏之分，菜刀可以用来杀人，也可以用来切菜，菜刀本身没有错，而是取决于我们自己的目的。所以，用怎样的一种心态去使用说服这个工具很重要，任何时刻都要怀有诚信、利他、付出、感恩之心。

说服是要创造一个双赢的结果，但说服者要让对方明白却不是一件容易的事。重要性、信心、办法，这三方面共同构成了说服者的素质。对于一个说服者，首先应有说服他人的欲望和意识，其次就是具备说服他人的信心和勇气。如果再掌握相关的说服他人的方法，那么就是比金刚石还坚固的人，也会让我们说服的。总而言之，公众说服演说首先必须解决心态的问题，然后才是需要掌握说服他人的逻辑和方法。

一、要有诚恳真挚的心

说服别人，说服者的心态是很重要的。心态直接决定行为，行为是产生结果的必然手段。我们在前文中说过诚恳的重要性，也说过说话对象的心境对说话者的要求。可以说，我们现在是有"求"于人家，包括劝服。既然如此，我们就应保证正确的说话心态。

一定要站在对方的立场上，设身处地地考虑对方的情感需要。不能急于求成、急功近利，也不能有私心杂念。只要是抱着诚恳、真诚的心态去用真情打动对方，总有一天他会被你说服的。俞敏洪、朱新礼、冯仑、唐骏、郎咸平等人都是著名的演讲大师，他们的演讲经历告诉我们，只有待人诚恳，才会让人信任；只有用诚恳的语气来发表演讲，才能吸引听众的注意力，才能受到他们的欢迎和拥护。如果只是为了提高自己的名气，或者带有其他不为人知的目的，虚情假意，很快就会被听众识破，继而对你产生厌恶。

二、要有说服他人的信心和勇气

说服别人之前必先说服自己，讲话要坚定。凡事唯有彻底地说服自己，才能说服别人。作为公众说服者而言，如果你不坚定，底下的人就很难受到影响。

意志和欲望决定了说服别人的动机，但也应具备说服他人的信心和勇气，信心和勇气直接决定着你的说服是否成功。一定要成功，这是必须的；一定能成功，这是有依据的。说服别人首先要说服自己，说服自己往往比说服别人更难。

也许你和被说服者之间有一堵墙，可能这堵墙是虚空的。我们只有亲自成票，结果后面的人都跟着投了赞成票。有的老师的一个解题方法本来不是最佳的，可是很多学生不反对，导致绝大部分学生效仿老师的那种解题方法。

因此，演讲的时候，了解听众的从众心理，对改善和提高自己的演说效果是很有帮助的。当然，你必须利用从众效应去做对人们有利的事，正面利他应成为不变的主题。

二、喜欢法则

喜欢法则告诉我们，当听众喜欢你的时候，就会积极听讲；当听众更喜欢你的时候，他会乐意接受你的建议或指令；如果听众不喜欢你，即使你让他去做对他有利的事情，即使你要让他买的这个产品对他很有帮助，他可能也会因为对你的不喜欢而抗拒排斥。因此，你必须让听众喜欢上你。

用你甜美和蔼的微笑去感染人，用你真挚诚恳的心去打动人。

要想让听众喜欢你的演讲，首先必须让他们先喜欢你。很多时候，听众会因为喜欢一位领导者而喜欢一次演讲，同样也可能因为讨厌一位领导者而讨厌演讲。其实，这个道理很简单。

在给员工开动员会的时候，如果发言人的演讲精彩，大家还会给点面子；反之，如果内容无聊透顶，大家一定在想：还不如回家睡觉去。

所以，一个被下属喜欢的领导者，其演讲效果总会超出一般的领导者。作为一名领导者，当你的员工喜欢你，喜欢上听你的演讲时，那么你的演讲也就成功了一半。如果台下的听众对你比较反感，即使你把演讲设计得再漂亮，他们也会不屑一顾的。

但是，如何让听众喜欢你呢？也是一门学问。

（一）演说内容不枯燥

有些领导者演说枯燥、方法单一，没有将自己的内在魅力展示给听众，久而久之，听众就会对你的演讲失去兴趣。失去了兴趣，自然注意力涣散，我行我素，干起了别的事——演讲现场自然也就"乱"了。因此，要想提高听众的兴趣，就要让自己的演讲内容丰富起来。

（二）了解听众的心理

有些领导者急功近利，每次一讲话就是"业绩""提高""挣钱"……忽视了对下属的关心和爱护。这样一来，在上下级之间就会出现感情上的隔阂，甚至对立。于是，当领导演说的时候，有些下属就会故意制造一些"小麻烦"，故意气领导——"乱"也就不可避免了。因此，要想让听众喜欢你的演讲，首先就要了解他们的心理。

（三）了解听众的特点

在你演讲的时候，有些听众思路漫无边际、脱离正题，经常会说一些无关的话，或做一些无关的事——"乱"自然就产生了。

不过，这种"乱"也是正常的和必然的。任何一个人都不可能长时间坐在那里听你演讲，"乱"有时候也是听众的一种无意识的"自我放松"与"自我休息"。

三、对比法则

借助对比法则我们可以知道，当你先后把两种完全不同的选择摆在人们面前时，他们知道这样的对比会扭曲或放大他们对事物的感觉。一般来说，如果两件物体有很大不同，他们会把两者之间的差别看得比实际差别更大。作为一名演讲者，可以利用这种对比，把你的听众引向你最终想把他带去的目的地。

对比的应用是基于我们对前后紧接着发生的事件的不同看法。如果你在某个不顺利的日子丢了工作，回到家里又发现自家车的车身上面有一道新划痕，相比你在一个因升职而感到开心的日子，发现车上面的划痕，你的反应会完全不同。同样都是划痕，但因为个人境遇不同，人们的感觉和反应就很不一样。

时间的推移会减弱对比法则的效力，所以应用这一法则的关键是两个对比物必须前后相连地出现。在小组会议和决策当中，其效果尤为明显：如果开会时你在一个优秀的提案之后提出一个不错的想法，其冲击力就远远不如你在众人听完一个糟糕的主意之后提出一个好建议。

运用对比法则时，要记住在正面信息和负面信息之间的差异会产生巨大的力量。多年来，心理学家一直坚称，人们会下意识地对好的结果抱以极大的期待。因为这一不变的倾向，人们总是会对负面信息背负过重的心理负担，因为它与我们的期望反差太大了。

例如，销售员通常都会用某个奇妙的产品吊起你的胃口，让你激动不已，然后忽然之间报出一个可怕的价格，结果给了你重重一击。突然间，那沉重的价格标签——仅这一个负面的细节，就压倒了那件产品几十个很棒的特性。

负面信息会优先于所有正面信息侵袭你的大脑。事实上，你满脑子都会想着它，驾车回家时都在想那个宝贝东西怎么会值那么多钱。

对比法则可以以多种形式出现：

（一）增加额外的利好

学会使用这种手法，可以使交易看起来更吸引人，也就是使顾客相信他们面临的是一笔非常划算的买卖。它也许是一项额外的性能、一个较大的折扣、免费送货的优惠、延长的保修期，或者免费咨询。不管是什么，都可以用来创造并映照出你的产品的更高价值。

（二）换一个角度看问题

把你的要求"削减"成一个让对方觉得是很容易办到的小事情。假设你试图说服某人购买一份寿险，客户想要一份保额为 25 万美元的保单，而你觉得这不能满足他的需要。为了充分保障他的家庭，你觉得他应该买一份保额达到 50 万美元的保单，但这个数字显得很高。于是，你想了个办法，告诉他只要每天多出 50 美分，即一罐汽水的钱，就能为自己上保险，万一出了事，他的家庭也能得到充分的保障。在这样的比较下，你的客户会认为每天多出 50 美分是值得的。"化大为小"，事情就好办多了。

（三）使用"留面子"技巧

"留面子"技巧是对比法则中的常见方法。首先，你提出一个大而不合理的要求，对方基本上会拒绝，接着你再提出第二个较小也更合理的要求，相比于前一个，人们更容易接受这第二个要求。

这一方法之所以有效，是因为根据社交规范，别人让步了，你也应当做出相应的退让。你接受对方的第一次拒绝，就相当于你做出了让步。然后，对方会感到有义务同意你提出的另一个较小的要求。

在谈判过程中，"留面子"技巧能成为一个有力的工具。

一个物业开发商瞄准了一个已经放盘数月，但因为卖主喊价高达 50 万美元而未能成交的优质物业。为了降低卖主的期望，这名开发商雇用了一个中介，隐瞒身份，装作对该物业非常喜欢，并开出了一个低得气人的 35 万美元的价格。

当然，卖主愤怒地拒绝了。然后，这位精明的开发商出现，并提出了一个要合理得多的价钱，即 43 万美元。经过一番讨价还价，卖主接受了。

四、零风险法则

顾客为什么不愿意掏钱，很多时候就是因为担心、害怕。要想提高成交率，经验丰富的销售人员就会采用"零风险"的法则，将顾客的风险降到最低，甚至为零。

零风险承诺可以在任何交易中消除买家风险，减少买家购买的障碍。在这个策略中，你必须做的就是承担你和买家之间的所有风险，让他们知道，如果他们不满意，你会干脆退钱给他们，或者免费重做这些工作，让他们满意。

如果客户说："你的商品非常诱人，但我还是很担心，因为我以前买过很多次商品，结果都是不尽如人意。如果这一次也像以往一样，收到之后和你所介绍的不相符，不能让我满意，怎么办？"你可以这样回答："如果你收到商品后和我所介绍的不相符，对产品不满意，我们就不配拿你的钱，你有权利要求我们全额退款。我们会立刻把你支付的所有款项全部退还给你，而且我们不会问你任何问题。"

当然，比零风险更厉害的是额外送给对方纪念品。即使商品有瑕疵，需要退货，纪念品也不退。

在演讲的时候，为了说服他人，就要告诉对方：按照我说的做，是一点风险都没有的。

五、紧迫感——稀有法则

回顾小米公司的成功，有两点因素不能忽略：一个是它的低价，另一个是社交媒体时代它对口碑传播的成功运用。其实，这两点往往是不能同时存在的。一个消费者如果花低价买了一款手机，它很难有动力向周围的朋友进行口碑传播，而"饥饿营销"则持续地制造着这种动力，使得能买到小米手机本身就很值得炫耀。从这个角度说，"缺货"就是小米的格调，离开缺货，小米就很容易沦为低价产品。

其实，小米的"饥饿营销"就是充分利用了稀有法则的真谛，增强了人们购买的紧迫感。

研究一再显示，当物品和机会变得越匮乏，人们就越会认为其有价值。对于领导者来说，这是个绝对有用的信息。我们可以借鉴稀缺性原理，把组织中有限的时间、有限的供应以及类似的限制性资源作为论据，来说服对方。例如，坦诚地告诉同事："有个机会即将错过——老板马上要去休长假了，如果不能赶在他动身前把建议告诉他，就没戏了。"这样一来，你的同事肯定会迅速行动。

演讲者完全可以学习零售商的做法。零售商在推荐自己的产品时，总是一再强调如果人们不理会其提供的产品信息，将会有什么损失，而不是强调将获得什么。

《应用心理学》杂志在 1988 年刊登了一篇关于加州私人住宅拥有者的调查研究，证明了这类"强调损失的语言"（loss language）的威力。在研究中，一半的房主被告知，如果他们给整栋房子加绝缘层，每天就可以节省一笔费用。另一半则被告知，如果他们没有加绝缘层，每天就会损失一定数量的金钱。结果，被告知将遭受损失的房主多数都给房子加了绝缘层，其人数比例远远超出那些被告知可以节省费用的房主所占比例。

如果演讲者掌握着某个鲜为人知的信息，而该信息又正好为他本人所倡导的某个点子或建议提供佐证，那么完全可以运用稀有性原则来说服大家。

信息本身也许十分枯燥，但独家性会使它散发出特殊的吸引力。你可以将该信息的文件资料推到他们面前，然后说："我今天刚刚收到这份报告，下个星期它才会被公布，但我想让你们先了解一下里面的内容。"接下来，坐在桌子对面的听众就会急切地凑上前来。

在这里要明确强调一点，一定要确保信息的真实性，否则，欺骗手法会让你引发的任何关注都烟消云散。

六、付出法则

多数人总是在被帮助后，才想着回馈他人。其实，很多时候，如果不主动付出，就很难有回报。

安东尼和太太打算买一块波斯地毯，铺在城堡的客厅里。

一个业务扛了一大块地毯问安东尼是否满意，安东尼说："不理想！"这个业务员两个小时内一直扛地毯给安东尼看，安东尼依然不满意，太太看到这个业务员衣服都湿透了说："买了吧。"

业务员听到之后马上说："你们不满意，我公司绝对不收你的钱，你现在还不了解我们的公司，这样吧，你告诉我城堡的地址，我开卡车带几块地毯到你家铺给你看，可以吗？"

安东尼答应了，业务员开车带着 5 块地毯，和伙伴到了安东尼的家。在这里，他们看到了一个大的客厅。

业务员搬家具铺地毯忙了几个小时之后，又把家具放好，问安东尼满意吗？安东尼还是不满意。业务员说："我重新再换一块。"

安东尼看业务员实在累了，就说："我买。"业务员说："不了解我们公司，你不满意我绝不收钱。"

安东尼说："我买！"业务员说："绝不收钱！"

安东尼听了后说："我全买。"

安东尼买地毯的故事很好地诠释了付出法则的重要性。其实，在生活中，我们也经常会用到这样的法则，例如，卖课程的时候，免费试听，让企业先试用；销售商品的时候，先给消费者一些好处，如有赠品。

在演讲的时候，如果想说服听众，就要先付出。付出才有回报，不懂付出，你的影响力就会减少很多。

到此，关于演讲的基本套路已经给大家做了初步的介绍，仔细阅读，相信您一定会有所收获。当然，演讲是一项能力，一定不是光靠看书就能学会的，要想尽一切办法随时练习。同时，也期待您可以走进我们的领袖演说课程，我将对您面对面地教授辅导，身临其境的课堂实践远比读几本书更有效。

参考文献

［1］陈卫州. 总裁实战演说：演讲行销实用手册［M］. 北京：北京工业大学出版社，2012.

［2］李真顺. 领导者语言艺术：演说训练［M］. 北京：东方出版社，2014.

［3］李洪伙. 超级演说家：教你当众讲话38个技巧［M］. 北京：中国经济出版社，2014.

［4］孙彦. 演说心理学：让你更有吸引力、说服力和影响力［M］. 北京：人民邮电出版社，2012.

［5］［美］曼狄诺. 世界上最伟大的演说家——心理学励志与成功［M］. 费肖俊译. 北京：世界知识出版社，2009.

［6］李维文. 说服：怎样有技巧地说服他人［M］. 北京：民主与建设出版社，2014.

［7］陈璐. 在任何场合说服任何人［M］. 北京：中国文史出版社，2013.

［8］问道，达夫. 演讲与口才知识大全集［M］. 中国华侨出版社，2011.

［9］史殿勇. 卓越口才魅力演讲［M］. 北京：中国财富出版社，2015.

［10］权锡哲. 超级职场力系列：超级说服力［M］. 北京：人民邮电出版社，2013.

后 记

　　12 年前，也就是 2003 年 10 月，在青岛海尔国际培训中心，我趴在门缝外面、坐在地上整整两天，聆听了国内一位顶尖名师的课程，内心受到了强烈的触动。我看到了老师在台上的魅力，也看到了所有学员对老师敬佩的目光。那一刻，让刚接触培训行业的我心潮澎湃。我想：何时，我也能像那位老师一样光芒万丈、魅力四射，成为中国乃至世界的名师？

　　那时，不要说在国内，就是在山东、在青岛，行业内也已经有很多著名的老师活跃在全国各地的讲台上了。当时我想：何时，我能够与当地这些前辈们比肩？

　　怀揣这样的目标与愿望，我开始了在演讲培训道路上的默默耕耘。

　　要做一个好老师，先要做一个好学生。至今，我都无法忘记自己曾经一次次披星戴月、忍饥挨饿在全国各地参加学习的场景。

　　曾经，拖着行李赶到机场，然后乘坐航班抵达浦东，坐巴士 18 站，再改乘公交车坐 58 站，再步行 15 分钟，一路行程漫漫，终于抵达学习的会场。

　　曾经，连续半个多月的时间，辗转在全国各地，自上海到广州，再到佛山，然后再赶往深圳。连续学习加上赶路，抵达深圳会场的时候，一进入酒店便倒在床上昏睡了过去。

　　曾经，在正吃晚饭时接到电话，朋友说附近有个适合我的课程，我撂下筷子，拿上行李，迅速驱车一百多公里赶去会场完成接下来两天的学习。

　　曾经，交上巨额学费，为了节约开支，我住在小旅馆里吃咸菜、泡面。

曾经，在小年夜里，我乘坐航班赶往深圳去学习。

曾经，连续三个在新旧年交替的日子里，我昼夜学习整理笔记。

曾经，为了避开别人的干扰，我在酒店房间的厕所里学习了近一个月的时间。

曾经，我亲自整理过八百多万字的学习笔记，以至于经常累到胳膊难以举起。

……

数不清的经历沉淀在生命当中，我知道：勤耕不辍，厚积薄发。任何一个行业领域，一年初窥门径，三年略有小成，五年成为专家，十年成为行业顶尖……在这十多年的时间里，顶住外界的种种诱惑，一心专注在教育培训领域，我也取得了一点小小的成绩。在过去的几年时间里，曾经先后与行业内的顶尖名师同台演讲，也曾先后与打工皇帝唐骏、新东方俞敏洪、地产大亨冯仑、饮料大王朱新礼、经济学家郎咸平等名师总裁同台演讲或对话论道。2015年，我成为青培联会长，终于可以和过去敬佩的前辈们一起喝茶聊天，畅谈行业趋势。

在这个过程中，我也更深刻地体会到了教育培训行业的重要意义。从业时我就立下使命：帮助中国中小型企业成长，为中国成为世界第一经济强国而努力奋斗！今天，每次站在舞台上，我也更清楚肩上的责任。

我要用我的演说，去帮助更多的企业和个人；用我的演说，让更多人听到中国人的声音；用我的演说，去传递更多的正能量；用我的演说，为实现伟大复兴的中国梦尽绵薄之力……

今天，是世界大师中国行，明天，让中国大师世界行！我相信，未来，将会有更多人听到中国人的声音，将会有更多人领略东方的思想与智慧。中国梦，演说梦！让我们一起努力，迎接这一天的早日到来！

附　录

精品课程推荐 销售成交之道：《成交为王》三天两夜

领袖演说之道：《公众演说》四天三夜

总裁运赢之道：《运赢执行》三天两夜

引爆团队之道：《冠军团队》三天两夜

零风险承诺：1. 课后不满意无条件退费

　　　　　　2. 课后满意终身复训

扫码了解更多课程资讯。

你可以拒绝学习，但你的竞争对手不会！

未来唯一持久的优势，是拥有比你的竞争对手更快的学习能力！

咨询电话：13156851238　1876420971

课程简介

《成交为王》

《成交为王》销售实战课程，让您完成由销售业务到销售精英的蜕变！

三天两夜，训练您的发问技巧，如同条件反射一样简单；完美销售的具体步骤，教会您如何洞察人心，如何使顾客下定决心，如何塑造产品的价值。课上实战彻底颠覆传统的销售习惯，让成交技巧真实地为您带来收入和业绩。

学完课程的您，愿您迫不及待地冲出教室成交顾客，因为成交一切为了爱！

《公众演说》

演说是倍增时间、倍增人脉、倍增资源、放大个人影响力的超级武器！所有领导人在走向成功道路上最重要的一项能力就是公众演说！

《公众演说》除了能让您快速地建立个人自信及魅力，还能快速地销售产品、宣传信念、募集资金、吸引人才、建立知名度，并获得他人的尊重与认同。

《运营执行》

《运营执行》教您如何运用"奔驰策略"的双力场让员工"脱胎换骨"！

课程结合总裁一套故事四熟面普通的实用法宝！只要您按照步骤、逐步落实，无论是年度战略规划的实施，还是小小例会的举行，无论是制决人才问题还是日常执行管理，都将招招准、击中动情！中国企业真正执行力的打造，之所以造成从员工层面的执行推动到老板及核心团队从上至下推动的困难现象！《运营执行》将从根本入手，从本质到根源，找原因、学方法，创造执行的氛围，实现业绩倍增！

《卓越团队》

一次刻骨铭心的训练，使员工融入企业，这是一次团队精神的凝聚，也是一次信念的洗礼，还是一次心智模式的突破，更是一次人性的感动。

根据心理学、NLP神经语言程式学、NAC神经链调整术、行为科学、管理科学等学科，运用训练技术整合而成的一套以开发人的潜能、改善心态及改变思维模式、提升团队绩效、迅速实现团队融合为目的的系统化训练课程。

从不同层面和角度去发现、认识人的盲点，理解并跨越潜意识的障碍，使得每次处理的责任、使命、感恩，以及沟通、信任、共赢。